모래놀이 상담

유아교사들의 기억과 치유의 이야기

모래놀이 상담

유아교사들의 기억과 치유의 이야기

조희순 지음

아카데미프레스

평생을 유아교육 현장에서 보내고 계시는 용인송담대학교 유아교육과 조희순 교수는 대학에서 예비 유아교사를 양성하는 교수로 재직하면서 유아교육, 유아교사, 그리고 그들의 대상인 유아의 성장에 대하여 지속적인 관심과 고민을 품고 계신 열정적인 교육자이십니다.

조희순 교수는 2010년에 창립된 한국상담대학원대학교의 역사에 길이 기억될 몇 가지의 기록들을 세우신 분이십니다. 그 첫째는 한국상담대학원대학교 제1호 박사라는 타이틀이고 둘째는 그분의 박사학위 논문의 내용과 연구방법이 새롭다는 점일 것입니다.

조희순 교수의 박사학위 지도교수였던 저는 교수의 논문 '자성적 글쓰기가 활용된 모래놀이 상담에서의 유아교사 개성화 과정에 관한 연구'가 다음의 두 가지 면에서 의미 있다고 생각합니다.

첫째로 교수의 논문은 유아교사의 질적인 성장을 위한 교육의 내용과 방법에 모래놀이와 상담을 접목하는 새로운 방향을 제시했다는 점에 의미가 있습니다. 조희순 교수는 자신이 20여 년간 실시해 온 심리치료 도구인 모래놀이에 상담의 과정을 도입하여 자성적 글쓰기를 실시함으로써 유아교사들이 인간적으로 개성화되는 과정을 실증적으로 밝혀 주었습니다.

둘째로 교수는 이 전 과정을 상담분야에서 시도해 오고 있는 질적인 방법으로 연구했다는 점입니다. 현직 교수로 학생들을 가르치고 행정적인 일들을 하면서 새로운 연구방법인 질적연구방법으로 박사학위 논문을 쓰기 위하여 조희순 교수가 쏟아넣은 정열과 시간은 놀라울 정도였습니다. 그 정열은 유아교사의 인간적 성장을 도와줄 수 있는 창의적 방법을 모색하고자 하는 그 분의 신념에서 비롯되었다고 믿습니다.

조희순 교수의 유아교육과 상담에 관련된 경력은 다채롭습니다.

교수는 (전)서울 그림유치원장과 국공립 성아어린이집 원장을 역임하였고, 지금까지 20여 년 동안 '유초 표현심리상담연구소'에서 개인 및 집단을 대상으로 모래놀이 상담을 실시해 오고 계십니다. 또한 모래놀이 상담사 1급, 놀이상담사 1급, 상담전문가 1급, 상담수련감독 자격을 보유하고 유아교육과 상담을 인성상담, 예방상담이라는 차원에서 지속적으로 연구해 오고 계십니다.

이번에 출판되는 책「모래놀이 상담: 유아교사들의 기억과 치유의 이야기」는 조희순 교수가 오랫동안 실시해 오고 있는 모래놀이 상담이 유아교사들의 심리적 성장을 도와주는 한 방법으로 효과가 있음을 증명한 연구의 결정체라고 확신합니다.

또한 이 책은 최근 사회적인 이슈로 대두되고 있는 유아교사 자질에 관한 질문에 확실한 답을 제시할 수 있을 것입니다. 유아교사 교육에 관심 있는 분들에게 많은 유익이 될 것이라 믿으면서 이 책을 높이 추천합니다.

한국상담대학원 대학교 총장

이 혜 성

질적연구가 인류학이나 사회학 그리고 교육학 분야를 넘어서 다양한 학문분야로 확산되고 있는 시점에서 우리나라에 조희순 교수의 책, 「모래놀이상담: 유아교사들의 기억과 치유의 이야기」가 출간된 것은 여간 중요한 일이 아니다. 왜냐하면 우리나라의 상담학, 상담심리학, 상담교육학의 분야는 그 학문분야의 정립 이후에 거의 대부분의 연구가 양적연구방법 중심으로 이루어져 왔기 때문이다. 다행스럽게 최근에 와서 몇몇 연구자들이 상담분야에서 질적연구방법을 이론화하고 적용하고 있지만 아직 대안적 연구 패러다임으로 인정받기에는 역부족인 것이 현실이다. 그러한 점에서 우리나라의 상담과 그 연구분야에서 출간될 조희순 교수의 이 책은 우리나라의 상담연구에 중요한 획기적인 영향을 끼칠 것으로 생각한다.

특히 조희순 교수의 지난 22년간의 모래놀이 상담연구가 단순히 서구의 이론화 작업에 그치지 않고 한국적 적용을 통하여 실제 현장에서 이루어져 왔고 그러한 맥락에서 이루어졌다는 점은 매우 주목할 만하다. 즉, 초보 박사연구자들의 단기간의 연구가 아니라 자신의 학문적 정체성과 책임감 속에서 어린이, 청소년, 대학생, 그리고 심지어 성인에 이르기까지 다양한 연령대의 한국인들에게 서구의 모래놀이 상담치료방법을 적용하고 그 효과들을 장기간에 걸쳐서 확인하고 검증하고, 나아가 확신하게 된 그 실천적 반성의 과정은 이 책의 가치와 그 효과를 더욱 가중시키고 있다. 그러한 점에서 22년의 상담철학과 실천의 역사 속에서 이루어진 이 책은 서구의 많은 실천가들이 자신의 연구결과를 한 권의 책으로 정리하는 것처럼 우리나라의 상담연구와 실제 분야에서 앞으로의 연구가 어떻게 이루어져야 하는지에 대하여 매우 의미 있는 시사점을 제공해 준다고 하겠다.

특히 조희순 교수의 이 책이 놀라운 점은 1년 전에 쓴 한국상담대학교 대학원 박사학위 논문을 보다 자유스럽게 창의적인 "여행기"의 방식으로 새롭게 재편집하여 이 분야의 독자들을 초청하고 있다는 점에 있다. 박사학위 논문에서 요구하는 일정한 글쓰기 형식에서 드러내지 못한 그녀의 다양한 생각들과 감정들, 그리고 표현의 아이디어들을 놀랍게도 창의적으로 다시 쓰기를 한 것은 이 분야의 독자들에게 그녀의 실천작업의 결과를 더욱 가독성 있게 그리고 감동적으로 전달하기 위한 효과적인 글쓰기 전략으로 생각하지 않을 수 없다. 대부분의 박사학위 논문들이 그 좋은 내용에도 불구하고 사장되는 것과는 다르게 더 많은 독자들과 대중들, 그리고 이 분야의 후학들을 위하여 더 많은 노력과 희생을 통하여 한 권의 책으로 우리를 다시 찾아온 것에 대하여 그녀의 이 분야의 끊임없는 헌신과 희생정신 그리고 학술적 사명감을 강하게 느낄 수 있는 부분이기도 하다.

항상 우리나라의 상담연구 분야에 안타까움을 느끼고 있었던 터라 조희순 교수의 이 새로운 책은 우리나라의 상담분야에 어떤 연구를 해야 하고 그러한 이론들이 우리의 삶과 인간관계 그리고 발달과 보다 건강한 정체성 증진을 위하여 어떻게 적용될 수 있는지를 매우 구체적으로 우리에게 교육시키고 있다고 생각한다. 그녀의 말대로 우리나라의 초임 유아교사들, 초등학교 교사들, 나아가 고등학교 교사들까지 이 모래놀이 상담을 통하여 자신의 과거의 상처를 인지하고 규명하고 치유하는 작업이 좋은 교사를 현장에 보내는 또 다른 중요한 전문성 발달 프로그램으로 이어져야 한다는 사실에 우리 모두 주목하여야 할 것이다. 그러한 점에서 유아교사들의 상처와 치유의 이야기는 교육분야뿐만 아니라 모든 가르침과 발달의 단계에 있는 우리나라의 많은 성인들에게 적용해 볼 만한 의미 있는 프로그램이 될 것으로 추측한다.

벌써 퇴임을 몇 년 앞두지 않은 노년의 학자에게 요청하기는 다소 힘들지만 이 책에서 드러나 있지 않은 그녀만의 지난 오랜 세월의 모래놀이 상담의 기법과 전략, 프로그램과 전문적 통찰력이 다시 보다 학술적인 책으로 우리를 찾아오기를 기대한다.

진주교육대학교 교육학과 교수

김 영 천

서문

　최근 사회적인 이슈로 대두되고 있는 유아교사 자질에 관한 요구는 일시적 현상이기보다는 유아교육에 있어서 근원적인 문제가 지금까지 간과되었던 데서 비롯된 것이라고 볼 수 있다. 왜냐하면 유아교사는 유아들이 세상에 태어나서 가장 먼저 만나게 되는 교육자이며 현대 사회의 특성상 유아가 이른 나이에 부모와 보내는 시간보다 더 많은 시간을 함께 보내야 하는 사람이기 때문이다. 영유아기에 접하게 되는 어머니의 양육의 질과 유아교사의 자질은 한 인간의 평생 삶에 지대한 영향을 끼친다. 따라서 유아교사들이 가지고 있는 인격적 소양은 부모만큼, 아니 그보다 더 유아들의 인성 발달과 밀접한 관련이 있다. 그렇게 유아교사의 역할이 중요함에도 불구하고 현실적으로는 유아교사에 대한 사회적 관심이나 처우가 지나치게 평가 절하되어 있어서 이로 인한 후유증이 최근 들어 사회적 문제로 대두되고 있는 것이다. 그러나 우리 사회는 그들에 의해 발생되는 문제만 질타하고 왜 그런 일이 벌어질 수밖에 없는지에 대한 근본적인 문제해결에 대하여 크게 관심을 두려 하지 않는 것 같다.

　실제로 유아교사들은 대학에서 전문적인 교육과정을 이수한 후 교사로서의 사명감을 가지고 유아교육 현장으로 나가지만, 과도한 업무와 유아, 학부모, 행정 등에서 받는 스트레스로 인하여 그들이 얼마나 심각한 탈진상태에 이르는지 아무도 관심을 갖지 않는다. 뿐만 아니라 그러한 심리적 갈등이 고스란히 유아교육의 질에, 유아의 삶에 영향을 미친다는 사실은 외면한 채 사회적, 정치적 논리로만 접근하려는 현실적 경향이 안타깝기만 하다.

유아교육 현장에서 그들의 업무를 자세히 들여다보면 유아교사는 보다 수용적이고 허용적인 태도로 유아의 보육과 교육에 전념하며, 유아의 심리적, 정서적인 면을 따뜻하게 보듬어 안아 주어야 함에도 불구하고 그러한 여유를 가질 수 없을 만큼 과도한 업무와 시간에 쫓긴다. 특히 사회적 문제가 발생할 때마다 생겨나는 규제와 평가는 그들로 하여금 현실적으로 도저히 유아에게 집중하여 '충분히 만족한 어머니(good enough mother)'로서의 역할을 하기 어렵게 만든다.

행정부를 비롯한 많은 사람들은 유아교사의 인성을 요구하는 목소리를 높이기만 하지 실제 그들의 인성을 위한 구체적인 방안을 제시하는 일은 드물다. 또한 심심치 않게 보도되는 유아교사의 문제가 생길 때마다 교사로서의 사명감을 놓지 않고 최선을 다하는 수많은 유아교육자들까지 함께 매도됨으로써 교사로서의 자부심을 잃어 가기도 하는 것이 현실이다. 그러므로 이들 유아교사들의 입장을 이해해 주고 그들로 하여금 긍지를 가지고 교사로서의 삶에 임할 수 있도록 적극적으로 도와주는 그 어떤 방법이 강구되어야 할 필요성이 있다. 특히 그들의 심리적 성장을 이끌어 주고 그들의 자존감을 높여 줌으로써 자신이 선택한 교직을 포기하지 않고 이어나갈 수 있도록 그들의 인격적 발달을 도와주는 그 어떤 지원이 필요하다.

이러한 노력은 궁극적으로 유아들의 인성교육과도 맞닿아 있다. 왜냐하면 유아교사의 인격적 성숙은 결국 유아의 인성에 영향을 미치게 되며, 유아기에 인성적으로 잘 교육된 아이들은 이후 아동기, 청년기, 성인기까지의 전 생애에 걸쳐 영향을 받게 될 것이기 때문이다.

「모래놀이 상담: 유아교사들의 기억과 치유의 이야기」는 바로 이들 유아교사들의 심리적 성장을 모래놀이 상담을 통해 도와줌으로써 그들로 하여금 편안한 성품으로 거듭나 유아들을 교육할 수 있도록 지원해 주기 위해 시작된 한 연구의 결과로 탄생된 것이다.

필자는 평생을 유아교육 현장에서 보냈고, 후반에는 대학에서 예비 유아교사를 양성하는 교수로 재직하면서 유아교육, 유아교사, 그리고 그들의 대상인 유아의 성장에 대하여 지속적인 관심과 고민을 내려놓을 수 없는 삶을 살아왔다. 유아교육에 대한 애정이 한평생 한 우물을 파게 한 동기일 것이다. 그러다 보니 자연스럽게 유아교육을 잘하기 위해 유아교사의 질에 주목하게 되었다.

교육현장에서 흔히 하는 말이 있다.

'교육의 질은 교사의 질에 비례한다.' 참으로 맞는 말이다.

유아교육의 경우는 특히 더 그렇다.

필자는 평생 동안 유아교육과 같은 비중으로 모래놀이 상담분야에서도 전문가로 활동하고 있다. 학사와 석사과정은 유아교육을, 박사과정은 상담학을 전공하면서 20년이 넘는 긴 시간 동안 이 두 분야에 대한 연구를 이어 오고 있다. 특히 오랜 기간 모래놀이 상담을 해 오는 과정에서 모래놀이 상담이 무의식과 의식의 통합을 통하여 한 사람의 개별성, 즉 고유한 개성을 일깨워 줌으로써 자기실현을 통한 인격적 성숙을 찾아 주는 것을 보아 왔다.

모래놀이 상담은 20세기 초반에 Jung(융)의 제자들을 중심으로 영국과 스위스에서 시작하여 발전하였으며 지금은 전 세계적으로 상담현장에서 광범위하게 쓰이고 있는 상담기법이다.

필자의 경험에 의하면 모래놀이 상담은 심리적 병증을 호소하는 사람뿐만 아니라 일반적인 사람들도 내면의 무의식을 모래놀이를 통해 표출하게 함으로써 자기 자신의 실체와 직면하도록 도와줄 수 있다는 점에서 모든 사람들의 인격적 성장을 이끌어 주는 데 매우 유용한 방법임을 볼 수 있었다. 그래서 유아교사들의 심리적 성장을 도모하기 위한 방법으로 모래놀이 상담을 택하게 되었으며 이 책에서는 그들의 내면 이야기를 있는 그대로 들어 보기 위해 가급적 분석을 피하고 진솔하게 그들의 이야기에 주목하려고 노력하였다.

특히 유아교육 현장에서 경력교사들이 겪는 어려움에 주목하며, 심리적으로 소진되어 있는 그들의 정신건강을 치유하여 주지 않으면 안 된다는 절박한 심정으로 이 책을 썼다. 앞으로 기회가 된다면 '글쓰기를 활용한 모래놀이 상담'을 통해 그들을 지속적으로 돕고 싶다.

모래놀이 상담 전 과정을 살펴보면 인간의 무의식에는 얼마나 광범위하고
도 풍부한 이야기가 들어 있는지 알 수 있다. 그리고 모래놀이를 하는 과정
에서 각 개인은 차츰 무의식으로부터 의식이 분화되면서 자신내면의 고유한
생각과 요구가 무엇인지를 알아 가는, 즉 의식화를 통하여 자기 자신이 진
정으로 원하는 삶이 무엇인지를 알게 되는 것을 볼 수 있었다.

그러므로 이 책은 이론적인 분석에 집중하기보다는 모래놀이 상담을 통하
여 변화되어 가는 유아교사의 심리적인 성장 전 과정에 주목하고자 연구방
법 또한 질적연구 방법을 택했으며 가급적 유아교사의 살아있는 내면 이야
기를 존중하였다.

이 책의 내용은 독자들의 재미와 이해를 돕기 위해 전체적으로 '여행'이라
는 틀을 빌어 구성하고자 한다. 여행의 시작인 제1장부터 3장까지는 이 연
구가 시작된 배경과 이론적 근거를 소개하고 있다. 여행의 중반인 제4장에서는
세 유아교사의 모래놀이 이야기를 모놀로그(Monologue) 형식으로 소개하고 있
다. 이 책에서 주목하고자 하는 것은 바로 이들 유아교사의 개인적인 이야
기와 그 내용의 전개에 의한 심리적 변화에 있다. 이야기를 먼저 즐기고 싶은
독자라면 제4장부터 읽어도 좋을 것이다.

여행의 후반부인 제5장에서는 Jung의 관점에서 「세 유아교사의 개성화 과
정-자기실현」의 내용을 정리해 보았다. Jung은 인간의 집단 무의식에 잠재
되어 있는 신화적 요소를 인류의 정신이라고 하였으며, 이러한 신화적 요소
는 자기실현, 즉 개성화(individuation)를 목적으로 전개된다고 보았다.
따라서 세 유아교사의 이야기에 나타나는 신화적 요소를 중심으로 탐색해
보았다. 여행의 종착점인 제5장에서는 이 연구를 통하여 얻어진 결과로서
유아교사의 모래놀이 상담과정에서 발견된 모래놀이 상담의 단계별 발달 과
정이 서양인의 시각에서 본 것과 다름을 발견하고 한국인의 관점에서 본 모
래놀이 상담 발달 단계를 제시하고 있다. 처음으로 모래놀이 치료를 실시한
Jung의 제자인 Dora Kalff는 모래놀이 상담의 전개과정을 동식물의 단계-

투쟁의 단계-적응의 단계로 정의하고 있으나 필자의 연구에서는 혼돈과 미분화의 단계, 갈등과 투쟁의 단계, 알아차림의 단계, 화해와 적응의 단계로 정리하였다.

아직도 더 많은 연구와 보완이 필요하다고 생각하는 박사논문을 이렇게 성급하게 출간하게 된 것에 대한 아쉬움이 없지 않다. 이 부분은 앞으로 후속연구를 통해 차츰 보완해 나가기로 하겠다.

이 책이 나오기까지 많은 분들의 도움이 있었다. 우선 부족한 사람을 영광스럽게도 제1호 박사로 이끌어 주시고 물심양면의 지원을 아끼지 않으신 한국상담대학원대학교 이혜성 총장님께 무한한 감사를 드린다. 지난 날 현장연구자이기를 자처하는 저를 연구의 길로 들어서게 이끌어 주신 전 서울대학교 교육학과 문용린 교수님과 한국교원대학교 단현국 교수님에 대한 감사도 잊을 수 없다. 그 외에도 한영주, 강순화, 박찬옥 교수님, 그리고 질적연구 분야에 문외한인 저를 질적연구의 세계로 이끌어 주시고 현재도 연구활동을 직접 챙겨 주시는 김영천 교수님께 감사드린다.

원고 작업을 위해 도움을 주신 조재성, 김필성 선생님 그리고 현장지원에 도움을 주신 이경희 원장님의 노고에 고마움을 전하며 흔쾌히 출판을 맡아 주신 아카데미프레스 홍진기 사장님이 계셔서 이 책이 빛을 보게 되었음에 감사한다. 무엇보다도 기꺼이 모래놀이 상담에 응해 주고 연구와 인쇄를 허락해 주신 세 유아교사에게 심심한 감사를 전하고 싶다.

마지막으로 평생후원자로서 물심양면의 지원을 아끼지 않으며 지켜봐 주는 사랑하는 남편 동연(同然) 김강빈과 우리 가족—두 아들과 며느리, 김원재(장다운), 김민재(박정영), 손녀 나예와 시예—에게 이 책을 바친다.

차례

추천사 1
5

추천사 2
7

서문
10

제1장 ㅣ 여행 짐 꾸리기
17

제2장 ㅣ 지도 펼치기
31

제3장 ㅣ 점심시간
57

제4장 ㅣ 여행지 둘러보기: 세 유아교사 이야기
77

연구 사례 1 자운영 교사: 엄마, 그리고 홀로서기
78

연구 사례 2 수선화 교사: '팬더' 영웅의 귀환
126

연구 사례 3 들국화 교사: 내 안의 나 '미녀와 야수'의 만남
170

제5장 ㅣ 여행을 돌아보며
207

참고문헌
225

여 행 짐 꾸 리 기

많은 연구자들은 자신의 석사, 박사학위 논문을 고통에 비유한다.

몇몇은 뼈를 깎는,

또 몇몇은 살을 에는,

과연 질적연구가 그러한 처절하고 끔찍한 단어들로 표현되어야 할까?

연구를 좀 더 긍정적이며 바람직하게 이해할 수는 없을까?

나는 연구를 여행에 비유하고자 한다.

연구와 여행은 닮은 면이 상당히 많다.

우리는 여행을 가서 하나의 장소를 다르게 바라보기도 하고,

여러 번 곱씹어 보며 나에게 새로운 의미를 찾아낸다.

우리가 만나게 될 연구도 마찬가지다.

그 중에서도 지금은 가장 설레는 시간이다.

"모든 유아교사는 어린이의 성장에 부모보다도 더 강력한 영향력을 가지고 있다. 따라서 유아교사는 어린이의 무의식을 이해할 수 있도록 스스로 먼저 개성화 과정을 경험하는 훈련이 되어야 한다." (C.G.Jung, 설영환, 2007에서 재인용)

유아교사들의 역할은 중요하다

━   이 책은 박사학위 논문 「자성적 글쓰기가 활용된 모래놀이 상담에서의 유아교사 개성화 과정에 관한 연구」를 바탕으로 쓰여졌다. 이를 통해 유아교사들의 개성화 과정, 즉 자기실현의 과정을 자세히 들여다보고자 하였다. 말하자면 이 책에서 중점적으로 다루고자 하는 주제는 바로 유아교사이다. 유아교사들이 중요한 이유는 한두 가지로 설명할 수 없을 정도이다. 특히 그들이 교육, 그 중에서도 유아, 초등교육에 끼치는 영향은 지대하다. 왜냐하면 과거와 달리 현대의 유아들은 대부분 일찍부터 부모의 손을 떠나 유아교육기관에서 교육을 받기 때문이다. 따라서 유아의 중요한 인간관계 중 하나로서 유아교사가 등장하게 된다. 아이들은 아침에 졸린 눈을 제대로 뜰 새도 없이 유아교사의 손에 맡겨진다. 유아들은 오후 늦게까지, 심지어는 저녁 시간까지도 집 밖에 머물며 유아교사와 생활한다.

이에 따라 과거에 비해 유아교사의 역할도 대단히 확장되었다. 이것은 초등, 중등학교 교사가 학교에서 그동안 누리던 지위가 약화되는 것과는 대조적이다. 유아교사는 유아의 삶에 가장 중요한 역할을 하면서 학교 교사들에

비하여 심리적이고 정서적인 측면에서 학생과 더 밀착되었다. 특히 유아교사는 단순히 아이들을 교육하는 것뿐만 아니라, 보육의 기능을 함께 수행함으로써 부모, 그 중에서도 어머니의 역할과 기능을 많은 부분 대체하고 있다. 유아교사가 중요한 이유는 또 다른 곳에서 찾을 수 있다. 유아교사는 한 인간의 일생 중에서 가장 중요한 순간을 함께하는 교육자이다. 왜냐하면 유아기는 심리·정서적으로 성장하는 데 가장 중요한 시기이며, 유아기의 삶은 대부분 무의식의 기초가 되기 때문이다(Freud, 1936). 따라서 유아기의 경험은 무의식의 내용을 이루고 전 인생에 걸쳐 영향을 미친다. 이것이 유아들과 함께 생활하며 그들의 발달을 돕는 유아교사의 역할이 더욱 중요해지는 이유이다. 이처럼 유아들은 유아교사를 보면서 그들의 행동과 사고를 내면화하는 방식으로 배운다. 쉽게 말해서 아이들이 그대로 보고 배우기 때문에 유아교사들의 영향력은 대단하다고 할 수 있다.

물론 그 중요성에 비례하여, 유아교사들에게 가해지는 책임과 의무 또한 무시할 수 없는 요소이다. 그들에게는 상당한 수준의 아동 발달에 관한 교육학적 지식과 교수 기술이 필요하다. 아직은 순수하고 미숙한 아이들에게 잘못된 교육방식은 돌이킬 수 없는 상처가 되리라는 것은 누구나 짐작 가능한 요소임에 틀림없다. 따라서 유아교사들은 체계적이고 전문적인 교육을 통해 이것을 해결해야만 한다. 뿐만 아니라 유아교사들은 정서적 측면에서도 안정되어 있어야 하기 때문에 인간을 이해하기 위한 심리학적 지식과 스스로 노력에 의한 내적 성찰을 통한 인성을 갖추어야 한다. 왜냐하면 그들은 어머니를 대신하여 유아의 애착대상자로서 초기 정서 발달에 영향을 미치기 때문이다.

유아교사의 인격에 대해 고민하기

　　유아교사의 성장은 단순한 교육이나 연수만으로는 해결되지 않는 문제가 있다. 그것은 바로 유아교사의 인성이다. 현대 사회는 유아교사들의 중요성을 확장하면서, 그들의 인격적 성숙을 시대적으로 더 많이 요구하고 있다. 사실 이러한 문제는 이미 우리나라에서 봇물 터지듯 발견되고 있는 현실이기도 하다. 연일 뉴스의 상단을 차지하고 있는 어린이집, 유치원 아동학대 관련 사건 보도는 교사들의 인격적 미성숙을 탓한다. 물론 이러한 문제를 전적으로 유아교사에게만 떠넘길 수는 없다. 그러나 분명한 것은 어쨌든 간에 그들의 행위가 자신보다 훨씬 민감한 존재에게 가해졌다는 것이다. 유아교육과 관련해서 Jung(1954)은 "아이는 개별화된 인격체로 성장될 수 있도록 교육되어야 하며 이를 위해서는 교육하는 자가 먼저 스스로 교육되어야만 한다."고 하였다(설영환 역, 2007, 재인용: 142). 유아교사가 인격적으로 성장해야 하고 그들 자신이 먼저 심리적으로 온전한 상태가 되어야 아동을 수용해 줄 수 있기 때문이다. 문제를 일으키는 유아교사들 대부분이 자신에게 여유가 없으며, 따라서 인격적인 약점을 많이 노출하였다. 즉, 유아교사는 누구보다도 인간의 내면 심리에 대해 잘 이해하고 있어야 한다. 그러므로 그들 자신이 먼저 인격적 성숙을 갖추고 유아들의 마음을 읽어 주고 수용해 주며, 배려해 준다면 유아들이 성장하는 과정에서 오는 부적응의 문제를 상당 부분 예방할 수 있을 것이다. 따라서 유아들의 인성교육을 책임지고 있는 교사의 역할이 무엇보다 중요하며 이를 위해서는 유아교사 자신의 인격적 성숙이 선행되어야 하겠다.

　현실을 돌아보자. 일부 몰지각한 교사를 제외하면 대부분의 교사들은 대학에서 교육과정을 통해 이 사회가 요구하는 교사의 역할을 전수받고 그 역할에 충실하도록 훈련된다. 이러한 교육의 결과로 대부분의 교사들은 책임감이 투철하다. 그들은 사회에서 요구하는 역할, 즉 교사로서의 책임과 의무를 신성시한다. 특히 교사는 마치 성직자와 비슷한 도덕적 기준에 직면하곤 한다. 이에 따라 많은 교사들은 주어진 규칙과 기준에 따라 살아가다가 자신의 진정한 모습인 자기(self)가 원하는 바를 억압함으로써 심리적 불균형 상태를 초래하기도 한다(김영희, 2007: 102). 일종의 페르소나이다. 페르소나는 내가 나로서 존재하는 것이 아니고 다른 사람들에게 보이는 나를 더 크게 생각하는 특징을 가지고 있다(이부영, 2006: 81-82). 가면을 쓴 사람이 그 역할에 지나치게 충실한 나머지 자신을 잃어버리듯이, 교사들은 자신의 본성을 억누르고 교사로서의 삶에 매진하게 되는 것이다. 대부분의 사람들은 이러한 페르소나를 한두 가지씩 가지고 산다. 다만 페르소나를 위해서만 살게 되면 괴로워진다. 교사가 이러한 페르소나를 자기의 것인 양 착각한다면 내가 아닌 그 어떤 것이 되려고 애쓰다가 심리적 에너지를 다 써버리게 된다. 즉 국가와 사회, 학교에서 요구하는 교사상을 무비판적으로 받아들이고 그것을 나와 동일시하게 되면 진정한 자기 자신의 소외를 경험하며 혼란을 겪고 이내 지쳐 버리게 된다(이종연, 2007: 141). 이렇게 교사가 스트레스를 받아 심리적으로 탈진하게 된다면 교사로서의 임무조차도 효율적으로 수행하기 어려워질 수밖에 없을 것이다(김영희, 2007: 102; 이종연, 2007: 141). 특히 유아교사는 심리적 기초가 형성되는 유아들을 건강한 인격체로 성장하도록 촉진해 주어야 한다는 점에서 그들의 심리적 성숙이 무엇보다도 중요하지만 현실적으로 유아교사는 교육과 양육이라는 주된 업무와 수많은 교육행정 업무에 휩싸여 자신의 시야를 내면으로 돌려 자기성찰할 기회를 스스로 가지기 어렵다. 따라서 교사로 하여금 자기성숙의 기회를 갖게 한다면 이는 교사 개인의 인생뿐 아니라 그들에 의해 교육을 받게 되는 유아들에게도 지대한 영향을 미치게 될 것이다.

유아교사의 인격 성숙을 위한 방법: 모래놀이 상담

—   이러한 필요성에 의하여 나는 예비 유아교사 시절부터 인격적 성숙에 대한 훈련이 필요함을 강조하였다(조희순, 2013: 237). 그 중에서도 가장 대표적인 방법이 바로 모래놀이를 통한 개성화 과정이다. 개성화 과정 즉 자기실현에 대하여 가장 널리 알려진 학자는 Jung이다. 개성화란 한 개인으로 하여금 '온전한 자기가 되게 하는' 또는 '진정한 자기의 개성을 알게 하는', 즉 자기실현을 완성하는 것을 의미한다(이부영, 2002: 119-125). 이는 '있는 그대로의 사람' 즉 개체의 고유성을 소홀히 하거나 억압하지 않고 그가 가지고 있는 인간적 사명을 보다 나은 방향으로 충실하게 성장시키는 것이다. 사람을 정신적으로 건강하게 만드는 길은 사회의 요구에 순응하는 페르소나에 의해 완전히 소진된 사람에게 그 사람의 진정한 개성, 자기의 진면목을 찾아 주는 것으로서 인격적 성장에는 개성화 과정을 경험하게 하는 것이 가장 좋은 방법이라는 것이다.

또한 개성화 과정은 한 개인을 정신적으로 건강한 사람으로 만들어 줄 뿐만 아니라 하나의 치유과정이기도 하다(이부영, 2003: 96). 김영희(2007: 102-117)는 교사가 진정으로 개성화 과정을 통해 자기실현을 경험하게 되면, 자신의 독특한 개성을 살리면서도 동료교사와 학생들, 또는 주변 사람들과 성숙한 관계를 맺을 수 있다고 하였다. 조희순(2013: 237)은 개성화 과정이 삶의 의미를 잃어 버린 교사에게 극복할 수 있는 힘을 주고, 삶의 의미를 발견하게 할 것이므로 이러한 교사에게는 전문적 상담 프로그램이 도움이 되기 때문에 그런 기회가 많이 제공될 것을 제안하였다. 지금까지 교사의 심리적 소외와 탈진에 관한 연구는 꾸준히 있었지만(김영희, 2007; 유정이, 2002) 현직 유아교사에 관해서는 직무 스트레스에 관한 연구(김혜정, 2002; 엄은나·서동미, 2009; 이형민, 2009)나 유아교사의 정신적 성숙에 관한 필요성을 요구하는 연구(고은경 외, 2011; 조희순, 2011, 2013)들에 국한되어 있을 뿐, 현직 유아교사의 개성화 과정을 촉진하는 직접적인 상담 프로그램이나 실제적 경험에 관한 연구는 거의 없는 실정이다.

Jung(1954)은 인간의 전 인생을 살펴볼 때 전반기에는 대부분 외적 인격인 페르소나의 형성에 골몰하게 되나 지나친 페르소나의 팽창으로 인하여 갈등을 느끼면서 20~30대 이후부터는 자연적으로 개성화 과정에 대한 욕구가 생성된다고 하였다. 그렇다고 누구나 아무런 노력 없이 개성화 과정(자기실현)을 경험하게 되는 것은 아니다. 유아에게 지대한 영향력을 끼치게 되는 유아교사는 누구보다도 정신적인 건강이 요구되는바 유아교사가 건강한 정신으로 유아를 교육하기 위해서는 다양한 방법을 통해 개성화 과정의 경험을 촉진시켜 줄 필요가 있다. 개성화를 촉진시켜 줄 수 있는 대표적 방법으로는 Jung 학파 상담가들에 의하여 시작된 모래놀이 치료를 들 수 있다. 모래놀이 치료는 영국의 소아과 의사인 Lowenfeld가 처음 고안하고 Jung의 제자였던 Dora Kalff(1980)에 의해 발전되었으며 이후 다양한 방법으로 확산되고 있다(김보애, 2003; 조희순, 1992, 2013; Ammann, 1979; De Domenico, 1996; Kawai, 1967; Tuner, 2005). 최근에는 모래놀이 치료라는 용어보다는 모래놀이 상담이라는 용어를 사용하면서 정신 병리로서의 치료라는 의학 모델보다 개인의 자아실현과 성장이라는 성장 모델을 강조하고 있다. 이렇게 모래놀이 상담은 초기에는 Jung 학파의 이론에 기초한 것으로 시작되었으나 현대에는 다양한 분야에서 다양한 이론과 창의적 방법으로 활용되고 있다.

모래놀이 상담자들은 모래놀이 상담을 자유롭고 보호받는 공간에서 이루어지는 비지시적, 비언어적 치료라는 관점을 가지고 있다(Kalff, 1980; Kawai, 1967; Turner, 2005). 즉, 모래놀이 상담은 내담자가 사용한 모래상자와 피겨라는 상징적 도구들에 의하여 이루어진다. 그러나 상징적 도구만으로 내담자의 경험을 이해하는 일이 얼마나 어려운 것인가? 전통적인 모래놀이 치료는 모래상자에 비언어적으로 표출되는 상징적 이미지를 상담자가 해석하는 것이고, 치유 작업은 내담자의 내면에 있는 자기치유 원리에 맡긴다. 그러나 그것은 자칫 내담자의 무의식을 상담자가 자신의 관점으로 해석해 버릴 수도 있다는 점을 배제할 수 없다. 모래놀이 상담을 실시할 때 내담자들이 모래상자에 펼쳐 놓는 내용은 내담자도, 상담자도 그 의미를 다 알 수 없다. 그러나 그것은 분명히 내담자의 무의식에 있는 이야기이며, 매우 상징성을 가진 이야기(narrative)임에 틀림없다는 것은 부인할 여지가 없다. 이렇게 신비스러운 이야기를 상담자가 상징적으로 분석한다는 것은 때때로 내담자가 표현하고자 하는 의도와 다를 수도 있기 때문에 어떻게 해서든지 내담자가 나타내고자 하는 의미를 그들 스스로 해석하고 인식할 수 있도록 돕는 것이 필수적이다. 이러한 점에서 Turner(2005)는 모래놀이에는 규칙이나 권리 같은 것은 없으며 비언어적 과정을 언어적으로 묘사하기 위해서는 어려움이 따르므로 모래놀이 상담자는 각자 정신적인 영역에 신비와 존경심을 가지고 적절하게 표현할 수 있는 다양한 창의적인 방법을 찾을 필요가 있다고 하였다(Tuner, 2005; 김태련 외 역, 2009: 8). 그러므로 필자는 모래놀이 상담에서 내담자 이야기의 상징성을 보다 적절하게 표현하여 이해를 돕기 위한 창의적 방법의 하나로써 자기성찰적 글쓰기 작업을 활용하였다.

Pennebaker(1997)에 따르면 비언어적 방법으로 표출된 무의식에 있는 문제에 저널쓰기나, 소설, 동화와 같은 표현적이며 자기성찰적인 글쓰기 활동방법으로 접근하였을 때 효과가 있다고 하였다(이봉희, 2007: 7). 자기성찰적 글쓰기 활동은 개인적 경험을 의미 있는 이야기로 구성할 수 있고 자신의 일부 감정적 문제를 은유적으로 표현하는 데 도움을 주어 자신의 내면을 성찰할 수 있게 한다. 모래놀이와 같은 비언어적 표현의 경우 그것을 글쓰기와 같은 언어적 방법으로 변환하였을 때 인식의 변화를 보다 강화할 수 있다. 그러므로 여기서 말하는 자기성찰적 글쓰기는 그림이나 모래놀이와 같은 표현활동을 먼저 실행한 후 그 내용을 바탕으로 글쓰기 활동을 하는 것이다. 이 방법은 자신의 내적 상태를 이해하도록 촉진할 수 있다. 따라서 상징적 표현과 글쓰기의 결합은 강력한 치료 전략 중의 하나가 될 수 있는 것이다(Pennebaker, 1997; 이봉희 역, 2007: 204).

나는 이전에 글쓰기를 활용한 집단 모래놀이 상담을 활용하여 예비 유아교사의 자아정체성과 자아존중감에 대한 연구를 한 적이 있었다. 연구를 실시한 결과 글쓰기를 활용한 집단 모래놀이 상담에 참여하였던 예비 유아교사들의 자아정체성과 자아존중감이 발전하는 것을 확인할 수 있었다(조희순, 2013). 이에 따라 이번 연구를 계획하면서 질적연구에서의 심층면담의 방법으로 모래놀이를 실시할 때 자성적 글쓰기를 병행하기로 하였다. 왜냐하면 일반적인 모래놀이 상담만 실시하였을 때보다 자성적 글쓰기를 병행하였을 때 면담 참여자가 스스로 모래상자에 펼쳐 놓은 장면을 묘사하는 과정에서 무의식을 보다 명료하게 하며(조희순, 2013: 252), 그 과정을 통해 참여자들의 개성화 과정이 촉진되는 것을 확인할 수 있었기 때문이다. 이들은 모래놀이 후 스스로 만들어 놓은 모래상자의 이야기적 요소를 참고로 하여 자성적 글쓰기를 함으로써 자신의 무의식에 대한 메시지 전달을 쉽게 이해하였다. 이를 통해 나는 모래놀이에 글쓰기 활동을 활용하는 것이 내담자로 하여금 자신의 무의식을 의식화하는 데 더욱 도움이 될 것이라는 확신을 가지게 되었고 이를 현직 유아교사의 개성화 과정을 촉진하는 하나의 방법으로 발전시키기로 하였다.

나와 나의 연구 다시 이야기하기

━━   먼저 나의 이야기를 하고자 한다. 나의 이야기는 이 책을 쓰는 이유
와 연구과정을 이해하는 데 조금이나마 도움이 될 것이다. 모래놀이와 글쓰
기는 나의 오랜 관심사이며 나의 삶과도 깊게 이어져 있다.

  사실 나는 60을 넘은 고령의 질적연구자이며, 지난 20여 년간 유아교육
자와 모래놀이 상담 전문가로 지내면서 그냥 그렇게 편안하게 살 수도 있
었다. 그러나 모래놀이를 연구의 주제로 계속 포기하지 못하고 나의 학위가
끝날 때까지 계속 매달리고 있다. 왜 이 주제를 박사학위 논문으로 정하게
되었는지, 혹은 모래놀이에 관한 연구에 왜 계속적인 관심을 가져 왔는지를
여러분들에게 이야기해 주고자 한다.

  모래놀이와 나의 삶은 어린 시절부터 만난다. 나는 어릴 적부터 직관이 매
우 발달하였고, 그래서 지나치게 예민하였으며 반면에 운동신경은 그리 발
달하지 못하였다. 그래서 나는 다른 아이들이 하루 종일 고무줄, 줄넘기, 소
꿉놀이를 하며 뛰어놀 때에도 늘 혼자 집 앞마당에 있는 모래터에서 그림을
그리며 놀았고, 모래에서의 활동은 나를 정서적으로 안정시켜 주었던 경험
을 하였다. 성인이 되어 유아교육을 전공하고 유치원을 직접 운영하는 원장
이 되어서도 그때의 경험을 토대로 자연에서의 활동이 심리적 안정감과 정서
적 건강을 가져온다는 신념을 가지고 모래놀이를 매우 강조하며 교육을 하
였다.

  1992년 나이 40이 되던 해에 시작한 학문의 길에서 석사학위 논문을 쓰고
자 고민하며 주제 탐색을 하던 중 그 당시 우리나라에는 전혀 알려지지 않

았던 모래놀이를 선정하여 연구를 진행하게 되었다. '유아의 모래놀이에 관한 일 연구'라는 제목으로 실험연구를 하였는데 실험에 참가한 유치원 아동들이 모래상자를 보자 내가 어떤 지시를 내리기도 전에 모래에 푹 빠져 모래놀이를 시작하는 것을 보게 되었다. 모래놀이 상자를 가지고 놀이한 유아들은 인지적, 정서적으로 괄목할 만한 성장을 보여 주었다. 석사학위를 받은 해에 자폐아를 데리고 찾아온 한 학부모가 생각난다. 그 분은 극구 사양하는 나에게 모래놀이 도구가 다 갖추어져 있으니 자신의 아이에게 모래놀이 상담을 해 달라고 간곡히 부탁을 하였다. 나는 논문을 쓰느라 연구만 하였을 뿐 모래놀이 상담을 제대로 실시해 본 적이 없어서 아직은 상담을 할 수 없노라고 사양을 하였다. 그러자 어머니는 더 절실하게 아이 문제를 조금이나마 해결해 보고 싶다면서 "마지막으로 아이에게 해 주고 싶은 것으로 모래놀이가 남았다"며 호소하였다. 심지어는 모래상자에서 그저 놀게 하는 것만이라도 허락해 달라고 하였다.

할 수 없이 아이와 단 둘이 모래상자 앞에 마주 앉았다. 그 이후 1년 반이라는 긴 시간 동안 아이를 만나 관찰과 적극적인 경청을 통한 모래놀이 상담이 이루어졌다. 아이는 평소에 선택적 함묵증 증세를 보였으나 점차 나에게 자신의 이야기를 술술 늘어놓았다. 나는 거기에 어떠한 참견이나 부언을 하지 않고 그저 들어 주었다. 아이는 거짓말같이 점점 다른 사람이 되어 갔다. 아이는 그 동안 모든 사람들에게 적대감을 보이며 절대 말을 하지 않았었다. 그러나 모래놀이 상담을 시작한 지 6개월 만에 편안한 정서 상태를 보였으며, 일반 아동들과 큰 차이를 느끼지 못할 정도로 좋아졌다. 더 이상 모래놀이 상담을 지속할 필요가 없을 정도로 아이의 상태가 좋아져서 종료하게 되었을 때, 아이의 어머니는 모래놀이 상담 연구에 써 달라며 기부금을 내놓았다.

그때가 나의 인생에서 가장 중요한 순간이었음을 훗날 알게 되었다. 그러나 그 당시에는 그것을 느낄 수 없었다. 다만 나는 모래놀이와 상담에 엄청난 학문적 열망을 가지게 되었고, 일본 모래놀이학회 정회원으로 가입을 하고 모래놀이 상담 공부에 매달렸다. 그 이후에는 2004년에 설립된 한국 모래놀이 치료학회를 중심으로 모래놀이 치료 공부에 매진하여 모래놀이 치료 전문가가 되었다.

그러나 한 가지 방법과 이론에 얽매여서는 편협한 심리치료자가 될 수도 있겠다는 두려움과 나 자신이 인간에 대해 모르는 것이 너무 많다는 두려움이 나를 쫓기게 하였다. 그래서 인간에 대해 폭넓은 이해가 있어야겠다는 결심이 섰다. 이것을 해결해 주는 가장 좋은 방법은 다시 상담을 공부하는 일이었다. 무엇보다도 나에게 부족한 철학적 탐색, 인문학적 소양이 메워지기를 기도하면서 박사과정을 선택하였다. 처음 박사과정은 교육학을 선택했으나, 아무리 생각해도 이것은 아니라는 신념이 생겨 상담학으로 전공을 바꾸게 되었다. 그리고 나는 그곳에서 내 생각을 지지해 주는 분들을 만났다. 이것은 내 인생의 큰 축복이 아닐 수 없다. 어떤 한 가지 틀에 내 사유를 꿰어 맞추어야 하는 것 같은 답답함에서 숨통이 트이는 것 같았다. 이를 통해 지금까지 해 오던 모래놀이 방법에다 실험적인 다양한 도전을 해 볼 수 있는 용기를 가질 수 있었다. 개인적으로 시도한 방법은 여러 가지가 있었다. 예를 들면, 모래놀이와 찰흙을 연계한 심리치료 방법의 개발, 모래놀이 상자를 이용한 집단상담 프로그램 등이 그것이다. 이러한 방법들은 지금까지 죽 이어서 실시해 오고 있으며, 앞으로도 이 일을 확산시켜 많은 사람들이 경험하게 해야 한다는 사명감을 갖고 있다.

그 과정을 통해 얻은 한 가지 답이 있었다. 모래놀이 상담이 1:1 심리치료에만 적합한 것이 아니고 집단 상담에도 아주 유용하다는 것이다. 모래놀이는 무의식에서 의식으로 분리되기 시작하는 만 3세 이후부터 10세 정도의 시기에 활용되면 아주 유용하다는 것도 알게 되었다. 왜냐하면 모래놀이를 통해 무의식에 있던 억압된 정서를 해소시켜 주었을 때 정서적 문제 해결에 매우 도움이 되기 때문이다. 만일 이 시기, 즉 유아동기에 심리적 배려를 받는다면 일찌감치 정서적으로 안정된 삶의 기초를 만들게 될 수 있을 것이기 때문에 예방적인 효과가 있을 것이다.

이러한 판단에서 교사교육에 관심을 갖기 시작하였다. 유아의 교육을 맡고 있는 유아교사들에게 모래놀이 상담을 실시하고 개성화 과정을 경험시켜 편안한 인성을 습득케 한다면 그들이 교육한 유아가 편안한 성품, 올바른 인성을 가지게 될 것이라는 가정을 가지고 연구를 시작하게 되었다.

이에 따른 연구의 시작을 요약하면 다음과 같다.

나는 최근 사회적 이슈가 되고 있는 학교폭력 문제의 예방을 위해 고민하던 중 그 원인을 거슬러 올라가면, 유아기부터 생성되기 시작한다는 결론에 도달하게 되었다. 이에 착안하여 만일 유아기에 가장 영향을 미치는 유아교사의 인성을 훈련시켜서 그들을 편안한 성품으로 안내한다면 그들에게 교육받게 되는 유아의 인성을 촉진시킬 수 있을 것이라는 가정에서 유아교사의 개성화, 즉 자기실현을 이끌어 줄 수 있는 방법을 연구하기 시작하였다. 우선 예비 유아교사인 유아교육과 대학생들을 대상으로 사전연구를 실시한 후 후속연구로 전통적인 모래놀이 상담 요법에 자성적 글쓰기 방법을 도입하여 유아교사를 대상으로 연구를 시도해 보았다. 나의 연구에 참여한 사람은 현재 유아 교육기관에 재직하고 있는 유아교사 중에서 3~5년 정도의 교육 경력을 가진 교사 3명이다. 3~5년 정도의 경력 교사로 연구 참여자를 구성한 이유는 교사 발달 단계에 따라 연구에 끼치는 영향이 크게 달라지기 때문이다. 만일 이들이 3년 미만의 초임 교사라면 교직에 적응하는 데 급급하여 사회화 과정을 인식할 경황이 없을 것이다. 그리고 고경력 교사들이라면 이미 사회화 및 교사로서의 자신의 스타일이 학습되었을 것이다.

한편 3~5년차 교사들은 교직에 대한 스트레스를 겪으면서 교사로서의 생애에 큰 영향을 주는 사회화 과정 중에 놓여 있을 것이라는 생각으로 교사 선정을 하였다. 교사들에게는 총 8회기에 걸쳐 '자성적 글쓰기를 활용한 모래놀이 상담'을 집단으로 실시하였고 그 이후 1~4회에 걸쳐 개별 모래놀이 상담을 통한 심층면담을 실시하였다. 개별 모래놀이 상담에서도 자성적 글쓰기를 병행하였으며, 이와 함께 심층면담과 생애사 면담을 실시하였다.

연구의 전 과정은 비디오로 촬영한 후 전사하였으며 모든 내용은 면담 결과를 바탕으로 각 교사별로 1인칭 글쓰기를 하여 재구성하였다. 이렇게 만들어진 개인 프로파일을 중심으로 개성화 과정을 살펴보고자 Dora Kalff (1980)의 모래놀이 발달 단계를 참고하여 내가 재구성한 모래놀이 발달 단계에 따라 분석하였으며, 이들의 이야기를 생애사적 관점에서 살펴보았다. 이 과정을 통해 교사들의 각자 이야기에 대한 주제를 근거 이론적 방법에 따라 도출하였으며 그 내용을 질적 분석하였다.

 나의 연구는 현대 사회가 안고 있는 우울과 불안으로 인하여 야기되는 다양한 심리·사회적 문제를 유아기부터 예방하는 데 중요한 단서를 제공할 수 있을 것으로 본다. 아울러 심리적 성장을 경험한 유아교사의 삶의 질을 높이는 데도 기여할 것이다. 따라서 모래놀이 상담 방법을 현직 유아교사뿐만 아니라 다른 교육기관 교사 및 전 국민을 대상으로 실시한다면 현재 우리 사회가 안고 있는 심각한 정신적 위기에 대한 해결책을 다소나마 제공할 수 있을 것이라 생각한다.

제2장

지 도 펼 치 기

여행의 첫 목적지로 출발하는 기차에 타서 가장 먼저 하고 싶은 일은

지도를 펴는 일이다.

지도 속에는 우리가 원하는 이야기가 모두 담겨 있다.

한 장의 종이에 우리의 의미를 새겨 본다.

지도를 보며 내가 떠날 여행을 마음에 그린다.

지도 속에서 우리는 이곳으로 떠나야 하는 이유를 발견하기도 하고

보고, 듣고, 만지고, 냄새 맡고, 감동을 느낄 것을 생각하며

새로운 연구를 출발한다.

여기서는 나의 연구가 수행될 수 있었던 학술적인 배경을 소개하고, 곧이어 구체적인 연구 방법을 자세히 설명할 것이다. '자성적 글쓰기가 활용된 모래놀이 상담'은 하나의 이론만 갖고는 설명하는 것이 어렵다. 여러 심리학, 교육학적 논의를 토대로 모래놀이를 정의하고, 이를 교사들의 삶에 적용시키고자 하였다. 한편으로는 심리학적인 측면에서 교사들이 진솔하게 작성한 자성적 글쓰기를 분석하여 그들이 어떻게 '개성화' 과정을 거쳐 한 사람의 독립된 인격체로 성장해 나가는지를 파악하고자 하였다.

개성화란 무엇일까?

—   개성화 과정에 대한 논의를 처음 한 학자는 Jung이다. Jung은 심층 심리학 분야에서 널리 알려진 학자이다. Jung과 더불어 인간의 무의식을 말하는 대표적 심리학자로는 Freud가 있다. Freud는 무의식을 다음과 같이 정의하였다: 의식에서 받아들여질 수 없는 억압된 유아기적 경향, 즉 초기 어린아이 시기에 주위의 영향을 받아 억압된 것이 전 생애동안 지속되는 것(박애경 외, 2012: 72). 그러나 Jung은 Freud와는 조금 다르게 무의식을 해석하였다. 그는 의식에 떠오르지 않은 모든 정신적인 것을 모두 무의식에 포함하고자 하였다. 즉, 집단 무의식이라는 개념을 제시하였다(한국융연구원, 2004: 17-18).

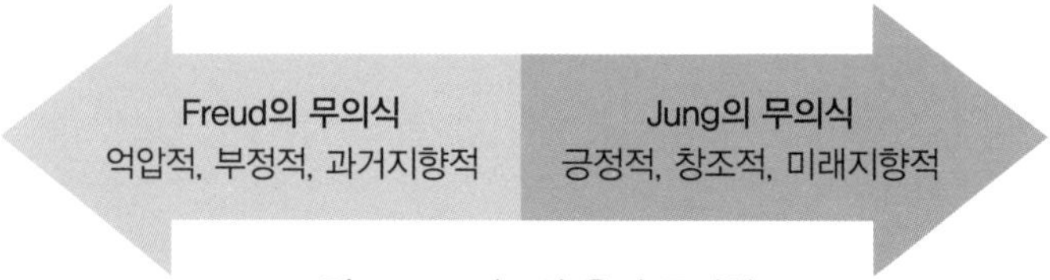

Freud의 무의식
억압적, 부정적, 과거지향적

Jung의 무의식
긍정적, 창조적, 미래지향적

그림 1 프로이드와 융의 무의식

여기서 Jung이 Freud와 다른 점은 Freud가 무의식을 과거에 묶인 것, 어둡고 부정적인 것으로 이해하였다면, Jung은 무의식을 현재 살아 있는 영혼으로서 긍정적이고 창조적이며 과거뿐만 아니라 미래와 연관된 것으로 보았다는 점이다. 즉 무의식은 프로이드의 말대로 의식이 억압되어 만들어지는 것도 아니고, 성적인 욕망의 원천으로 죽음을 향해 달려가는 타나토스의 개념도 아니며, 그와는 반대로 창조적 기능을 가진, 미래지향적이고 긍정적인 것이라고 하였다(이부영, 2006: 36). Jung은 무의식을 의식되지 않은 정신적인 요소들이 모두 포함된 집합체로 보았으며, 이에 따라서 Jung의 개성화는 무의식, 즉 Freud가 이야기하는 단순한 무의식이 아닌 매우 깊은 심연 속에 존재하는 집단 무의식에 의해 형성된 자기(self)와 연결된 문제로서 바라본다. 즉 의식에 있는 자아(ego)가 집단 무의식 속에 존재하는 자기원형과 통합되어 가는 과정이며, 인간의 근원적 주체인 자기(self)가 의식에 존재하는 자아(ego)와의 만남과 화해로 정신적 균형을 이루어 가는 과정을 개성화 과정이라고 하였다.

이러한 Jung의 개성화 과정을 이해하기 위해서는 먼저 Jung의 분석 심리학에서 주장하고 있는 마음의 구조를 살펴볼 필요가 있다. Jung에 따르면 인간의 정신구조는 무의식과 의식으로 구분된다. 이것은 Freud의 의견과 동일하다. 그러나 Jung은 무의식을 개인이 경험하였으나 기억에서는 지워지고 내면에 저장된 개인 무의식과 한 개인의 경험과는 별개로 인류의 초기 때부터 문화인습적으로 대대로 전해 내려오는 정신적 유산이 결집되어 있는 집단

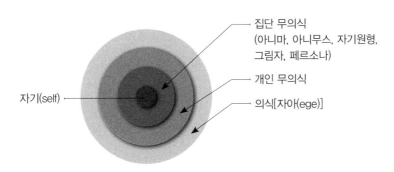

그림 2 융의 마음의 구조

(보편적) 무의식이라는 심층 심리적 구조로 되어 있다고 하였다. 이러한 집단 무의식은 인간에게 주어진 근원적 유형, 즉 원형(archetype)으로 구성되어 있으며, 이러한 집단 무의식의 내용에는 아니마, 아니무스, 그림자, 자기 원형, 페르소나 등이 있다. 집단 무의식은 수없이 많은 원형들로 구성되어 있는데, 원형은 인간 정신을 이루는 기본요소로서 일종의 상(이미지)으로 인식된다. 그 중 자기원형은 무의식의 가장 핵심적 요소이다. 즉 인간은 무의식의 가장 심층에 자기(self) 원형을 가지고 있다(이부영, 2006: 61-80).

이부영(2006: 66-71)은 Jung의 관점에서 이러한 집단 무의식의 특성을 다음과 같이 설명하고 있다. 첫째, 집단 무의식은 샘물과 같은 것으로 여기에는 무한한 가능성을 가진 심리적 에너지가 저장되어 있다. 즉 생명의 원천이며 창조적 가능성을 가진다. 둘째, 집단 무의식은 창조적 자율성을 가지고 있어서 그 자율적인 힘으로 미래의 가능성을 제시한다. 셋째, 무의식은 의식에 결여된 것을 보충함으로써 개체의 정신적인 통합을 꾀하려는 보상 작용이 있다.

무의식의 외현에는 의식이라는 요소가 있다. Jung의 관점에서 본 의식에 대해 살펴보면, 의식은 내가 알 수 있는 마음으로서 자아가 의식의 중심을 이룬다. 의식은 무의식으로부터 나왔고, 자아 또한 무의식에서 생성된 정서의 복합체인 콤플렉스로서 의식 영역의 적응적 주체 역할을 하며 무의식의 의식화에 관여한다. 자아가 없으면 인간은 정신적인 성숙을 이루는 것이 불가능하고 자아가 있음으로써 비로소 개성화가 가능하다(이부영, 2006: 15). 반면 집단 무의식에 있는 자기(self)는 전체 정신의 중심으로서 태어날 때부터 존재하나 우리가 미처 알지 못하는 것이다. 의식에 속하는 자아(ego)와의 관계를 통해 의식화됨으로써 개성화, 즉 자기실현을 하게 되면 자신의 고유한 개체로서의 인식을 갖게 되면서 개인으로서의 행복을 구현하게 된다. 그러나 이 자기원형(self)은 자아(ego)를 통해 의식화되는 경험을 하였을 때만 비로소 내적 인격으로 기능하게 된다.

자아(ego)는 무의식의 전체 정신인 자기(self)와의 관계 맺음을 통해 의식화를 이끄는 견인차 역할을 하므로 자기실현에 있어 필수 조건이기도 하다. 자아는 외부 세계(집단)에 적응하기 위해 페르소나를 강화하며 때로는 지나치게 동일시함으로써 병적 구조를 형성하기도 하는데, 페르소나는 외부 세계에 적응하는 과정에서 형성하게 된 일종의 가면과 같은 것으로 집단정신의 한 측면이기도 하다. 페르소나는 사회생활을 영위하는 데 반드시 필요한 사회적 역할로서 유아기부터 청소년기까지 주로 형성되며, 현실적인 체면, 도리, 도덕, 사명과 같은 사회적 행동 양식에 대한 집단적 개념이다. 우리나라 사회는 특히 이와 같은 페르소나가 강조되는 특성이 있으며 그 중에서도 교사 집단은 이러한 페르소나에 강하게 사로잡혀 있는 집단이라고 볼 수 있다(김영희, 2007: 110).

개성화와 관련하여 이와 같은 마음의 구조를 밝힌 Jung 사상의 중요한 핵심은 다음과 같다. 첫째, 집단 무의식의 존재를 규명하고 이들의 자율성과 창의성을 인정하는 것이며, 둘째, 대극과 합일의 사상이다. 이부영(1977)은 Jung의 대극사상에 대해 생명의 근원적 특질이라고 하였다. 우리의 정신에는 의식과 무의식, 페르소나와 자기원형, 남성성(아니마)과 여성성(아니무스), 우월기능과 열등기능, 외향성과 내향성 등 무수히 많은 대극이 존재하는데, 어떤 측면이 의식에 어떻게 작용하느냐에 따라 상대적 개념은 무의식으로 후퇴하는 성질을 가지고 있다. 이렇게 무수히 많은 대극들로 인해 갈등을 초래하게 되면, 우리는 이 갈등을 인식하고 받아들이는 것이 중요하다. 이런 대극의 투쟁을 통해 통합을 이루는 것이 자기(self)의 역할이며 자기(self)는 대극합일의 체험을 통해 전체성에 도달하게 된다(이부영, 2003: 59).

이러한 관점에 따라 Jung이 말하는 개성화 과정은 페르소나와 자기(self)와의 대면이 초기의 과제가 된다. 페르소나는 세상에 적응하기 위해 사회가 요구하는 행동 양식을 의식적으로 형성해 가는 과정에서 만들어지는 외적 태도 및 외적 인격이다(이부영, 2006: 81). 따라서 페르소나는 한 개인이 자신이 처한 사회에 성공적으로 흡수되기 위해서 주변 세계와 관계를 맺어 가기 위한 일종의 가면이라고 할 수 있다. 그러나 이 가면은 결코 그 사람의 진정한 개성이 아니며 다만 스스로가 형성한 가상의 모습일 뿐이다. 의식에만 머물러 있는 한 개인은 페르소나의 조정에 의한 허상의 삶을 살고 있는 것과 마찬가지이지만, 그렇다고 페르소나가 전적으로 나쁘기만 한 것은 아니다. 인생의 전반부에서 인간은 누구나 사회 적응을 위한 페르소나를 발전시키지 않으면 안 된다(이부영, 2002: 47). 페르소나는 한 개인이 스스로에게 갖는 당위를 갖게 하는 역할을 하므로 유아기, 아동기, 청소년기를 거치면서 건강한 페르소나에 의해 자아가 성장되며, 건강한 페르소나는 생동감, 융통성 등을 가지고 주변 세계와 지속적인 관계를 맺게 하므로 반드시 필요하다. 그러나 이 페르소나가 지나치게 강화되어 페르소나 팽창이나 동일시가 일어나면 집단 무의식에 속해 있는 심리내적 자기(self)와 갈등을 유발하게 되며, 이로써 불안이 가중되어 갈등상황에 빠지게 된다. 이럴 때 개성화 과정의 경험을 통해 의식과 무의식이 내적 균형을 갖춤으로써 편안하고 온전한 자기 개성적인 삶을 살 수 있게 되는 것이다. 집단 무의식에는 모든 요소가 다 뒤섞여 있어서 개인은 개성화 작업을 통해 자신의 고유한 성격을 구별해 내게 된다.

즉 Jung은 인격의 전체성을 추구하는 균형 과정을 개성화라고 하였으며 그것은 무의식과 의식 세계의 통합을 통해 실현된다고 보았다. 전체 정신으로서의 자기는 무의식과 의식이 하나로 통합될 때 하나의 인격으로 실현된다(이부영, 2002: 53). 개성화 과정은 바로 자기원형과 페르소나의 관계에서 비롯되는 것으로서 페르소나에 동일시되어 있는 외적 인격을 자아를 통해 의식화하여 비로소 자기실현에 도달하는 것이다. 즉, 무의식 속에 갇혀 있는 내적 인격인 자기원형은 그 자체로는 기능을 발휘하지 못하나 외적 자아에 힘입어 의식화되는 경험을 통해 하나의 전체적인 인격으로 발전하게 된다. 이 과정에서 의식과 무의식은 서로 대립하는 관계가 아니고 전체성, 개성을 지닌 인격이 되기 위해 서로 보완하는 관계이며, 따라서 개성화 과정은 어느 시점에 완결되어 완벽한 인격을 취득하는 것이 아니고 점진적으로 진행되는 일련의 과정이다.

결론적으로 개성화 과정이란 집단 무의식에 있는 창조적 기능을 자아가 어떻게 받아들이고 전체 정신인 자기와의 통합을 통해 균형을 이루어 가느냐 하는 것이다. 그러므로 개성화 과정은 전혀 의식하지 못하였던 자기(self)에 대한 인식이 생기기 시작하면서부터 전 인생에 걸쳐 경험해 가며 점진적이고 반복적으로 이루어지는 것이다. Jung은 회상록에서 "나의 생애는 무의식의 자기실현에 관한 역사이다. 무의식에 있는 모든 것은 외부로 표출될 것을 추구한다. 인격은 무의식의 조건에 따라 발달하며 스스로를 전체로서 체험하려고 한다."고 하였다(조성기 역, 2007: 11에서 재인용). 그러므로 개성화란, 혹자는 개인주의로 이해할 수 있으나, 이와는 상반된 개념으로 오히려 자기의 실체 모습을 알고 받아들임으로써 이타적으로 변화하는 것을 의미한다. 이러한 개성화 과정은 삶의 전 과정에 걸쳐 경험을 통해 점진적으로 무의식의 내용을 의식에 통합함으로써 정신이 성숙의 단계에 이르게 되는 하나의 과정이다. 이렇듯 Jung(1968)은 무의식의 의식화를 통해 도달하게 되는 자기실현, 즉 개성화 과정이 전 생애를 통해 반복적으로 진행됨을 지적하고 있다.

유아교사의 개성화 과정은 더 중요하다

— Alexander(2013: 6-7)는 개성화 즉 자기실현을 자기다운 사람이 되는 것, 온전해지는 것, 다른 사람이나 집단심리로부터 분할되지 않으면서도 독특함을 가지는 것이라고 하였다. 개성화 과정은 두 단계에 걸쳐서 일어나는데, 첫 번째는 구별해 내는(분석) 과정이며, 두 번째는 통합의 과정이다. 다시 말하면, 자신의 진실과 경계가 무엇인지 알아차리는 과정이 있은 후에 비로소 전체에 대한 통합이 생기는데, 이때 통찰이 일어난다. 이러한 통찰을 통해 자신의 페르소나, 그림자, 아니마, 아니무스 등 내적 인격에 대해 알게 되면 정신이 자유로워지면서 내적 성장이 일어나게 된다. 이로써 각자 다른 각도로 자기를 볼 수 있는 기회를 제공받게 되고 현재를 열심히 살게 된다. 개성화된 인간은 투사가 줄어들고, 상황이나 대상을 명확하게 인식하게 되며, 좀 더 자기 자신을 돌아볼 수 있게 됨으로써 인간관계가 진실한 관계가 된다. 그리하여 내가 누구인지 스스로 깨달아 알게 되고, 있는 그대로의 '나(self)'를 받아들이게 되며, 삶 자체를 즐기게 되고 편안함을 느끼게 된다.

한편 Jung(1954)은 교사가 한 개인에게 미치는 중요성에 대해 매우 강조하였다. 과거 원시 시대와 고대 사회에서는 성인식이라는 것을 통해 한 사람이 그들 사회의 성인으로 성장하는 어떤 계기를 부여함으로써 인격적 성장을 이끌어 주었으나 현대 사회에서는 교육이 그것을 대신하고 있기 때문에 교사가 한 인간에게 미치는 영향은 절대적이라고 할 수 있다. 그러므로 교사의 자기성찰이 무엇보다 중요하다(한국융연구원, 2004: 149-150). 예를 들면 교사집단은 그 사회가 암묵적으로 요구하는 윤리적이고 규범적인 교사로서의 사회적 의무가 있다. 만일 이러한 책임과 의무에서 벗어나는 경우 그 사회에서 영원히 낙인이 찍힐 수도 있으며 지금까지 누려 왔던 명예나 권위를 실추당할 수도 있다. 따라서 그들은 자신이 진정 원하는 바가 아니라 하더라도 집단정신인 페르소나와 강한 동일시를 하게 된다. 이럴 때 의식과 무의식의 괴리로 인하여 관계 단절을 가져오게 되면 갈등상태를 야기하게 된다. 이로 인해 교사들은 심리적 갈등에 빠지기 쉽기 때문에 특히 개성화 과정을 통한 자기실현이 그 누구보다도 필요한 존재이기도 하다.

표 1 유아교사의 덕목과 자질

유아교사에게 요구되는 사회적 덕목 및 자질
유아에 대한 열정 및 열성적인 삶의 자세
유아에 대한 측은지심과 사랑의 마음
긍정적이고 사교적인 성격
유아의 요구를 세밀하게 헤아리는 민감성
공감능력, 배려심, 무조건적 이해, 적극적 수용
유아교육에 대한 전문적인 지식
교사의 사회적 책무에 대한 인식에 부합하는 품행
정치적, 경제적으로 중립적인 자세

  그러나 현대의 교사들은 주로 교과지도나 행정업무와 같은 일에 온 에너지를 소진하고 있다. 그리고 위의 표 1에서와 같이 여전히 스승으로서의 의무를 요구하는 사회적 분위기에서 책임감을 강요받고 있다. 최근 들어 교육 분야를 살펴보면 학생과 학부모의 권리를 증진하려는 노력은 계속되어 왔지만, 정작 교사 자신의 스트레스를 해소하고 자기성찰을 통해 심리적 갈등을 해소할 수 있는 기회는 결여되어 있다. 많은 학자들은 미래에 바람직한 교사상으로 인성을 갖춘 교사를 말하고 있는데(김선양, 1981; 김영희 외, 2005,

2007; 조희순, 2013), 현재 상황에서 그러한 목표를 달성하기는 어려워 보인다. 인격을 갖춘 교사란 주체성을 가지고 인간을 통찰할 수 있도록 정신적 통합을 이룬 자기실현의 인간이라 할 수 있다. 지금과 같이 교사가 지나치게 사회적으로 요구되는 교사의 역할에만 충실하다 보면 교사 자신의 고유한 개성을 잃어 버리고 무의식과의 관계 상실을 경험하게 된다. 이렇게 의식과 무의식의 관계 단절로 인해 갈등상황에 빠지고 모범교사 딜레마를 안고 살아가는 교사는 심리적 에너지의 소진으로 이어지기 쉽다. 따라서 교사는 자기 내면을 성찰하고 무의식에 있는 내적 인격과의 관계를 회복하는 일련의 작업을 통해 개성화, 즉 자기실현이라는 인격적 성숙을 추구하여야 할 것이다.

모래놀이 상담

Jung은 그의 자서전에서 "인간이 느끼는 정서를 심상으로 옮겨 의식화함으로써 심리내적인 안정을 가져올 수 있다."라고 말하였다(Jung, 1963). 즉, 인간의 정서적 심상을 창조적으로 형상화하고 그로 인해 일어나는 변화를 다루는 것은 한 사람의 개별적 삶을 성취하고 문제를 해결하는 데 도움이 되므로 모래와 함께 다양한 피겨를 이용한 모래놀이는 정서를 드러내어 형상화할 수 있는 가장 뛰어난 방법이라고 볼 수 있다(Ammann, 2001; 이유경 역, 2007: 10). 특히 모래는 정서표현에 적합한 재료상의 특성을 가진다. 고형 재료도 아니면서 물이 흐르는 것 같은 느낌을 줄 수 있으며, 물에 적셔지면 형태가 만들어지고, 그것을 쉽게 변형할 수도 있다(조희순, 1992: 9). 또한 모래의 질감은 우리의 정서를 쉽게 이완시켜 심리적 퇴행을 유도할 수 있다. 모래놀이 상담은 이와 같은 모래의 특성에 다양한 정서적 표현을 가능하게 하는 형상인 피겨들을 이용하여 정서적 감정을 표출하게 하는 것이다. 모래놀이 상자에 나타나는 심상의 내용은 종이에 그려지는 1차원적 그림에 비해 입체성을 지닌 3차원적 창작이며 그 내용에는 만든 사람의 심리정서적 내용이 고스란히 표출되어 있기 때문에 그 사람의 정신적 과정과 역동을 유추해 볼 수 있다(Turner, 2005; 김태련 외 역, 2009: 21).

모래놀이의 치유적인 기원을 살펴보면 이미 원시 부족들이 오래전부터 모래점이나 모래그림을 이용하는 관습이 있었으며, Clare Baker(1983)는 나바호 부족들이 종교적 의식에서 사용하는 모래그림, 모래점 등의 치유 의식들이 현대의 모래놀이 치료와 매우 흡사함을 발견하고 비교한 바 있다. 나바호 부족의 모래그림과 모래놀이는 둘 다 정신에너지를 표출하며, 정신 역동적 변환으로 인하여 치유적인 교류가 일어나는 과정이라 이해할 수 있다(Biok & Goodwin, 2000: 4). 1920년대 유럽에서는 이미 모래상자와 소품을 이용하여 다양한 진단이나 연구를 하였으며 영국의 소아과 의사인 Magaret Lowenfeld(1939)가 '세계기법'이라는 이름으로 모래상자를 이용하여 아이들에게 사용한 것이 모래놀이 상담의 시작이라고 보고 있다. 그러나 Lowenfeld는 심리 분석가가 아니었기 때문에 모래상자의 내용을 분석하지 않고 다만 아동으로 하여금 상자에서 놀게만 하고 그것을 관찰하여 진료에 활용하였다. 대신 모래상자에 펼쳐지는 세계는 그것을 만든 사람의 경험이 그대로 실현된다고 보았다(Turner, 2005; 김태련 외 역, 2009: 335).

Jung의 제자인 Dora Kalff(1980/2003)는 Lowenfeld의 모래놀이에 Jung의 이론을 적용하면서 '모래놀이 치료'라고 처음 이름을 붙였다. 한편 현상학의 영향을 받은 De Domenico(1988)는 Jung 학파와 개념을 달리하며 모래놀이를 발전시켰다. 그는 비지시적이며 비언어적인 접근 방법을 강조하면서, 치료자는 침묵하고 해석을 하지 말 것이며, 사진을 찍어 나중에 재음미하면서 분석할 것을 강조한 Jung 학파와는 달리 실험적이고 창조적인 다양한 방법을 사용하여 모래놀이를 실시하며 연구하였다. 특히 다양한 집단에게 임상적이고 변용적인 작업을 많이 실시하였으며 그 과정을 통해 이루어지는 정신의 치유력에 주목하였다. De Domenico가 실시한 모래놀이에서는 무의식적인 정신의 깊이를 강조하기보다 모래상자에 펼쳐진 세계를 충분히 경험하는 과정을 중시하였다. 즉 내담자로 하여금 자신이 만든 모래놀이에 몰두하여 만들어 놓은 자신의 세계에서 치유와 성장을 향한 움직임에 충실하게 하고 놀이 결과를 신뢰하는 것이 중요함을 강조하였으며, 모래상자에 표현된 이야기는 더 이상 무의식의 상징이기보다 진짜 그의 이야기가 된다고 보았다. 모래놀이는 항상 의식의 영역과 몸을 활성화시키는 작용을 하므로 모래상자에 펼쳐진 이야기는 해석할 필요 없이 내담자와 상담자가 서로 공통의 탐험자가 되어 탐색하고 결과를 있는 그대로 수용해 주며 가급적 해석하지 않는다는 견해를 가졌다(황영희·노치현, 1998). 즉, De Dominico의 공헌은 많은 종류의 모래놀이 방법을 허용하고 내담자와 치료 자가 함께하는 많은 창조적 경험을 중시하였으며 언어적, 비언어적 접근을 모두 사용하였다는 것이다. 최근에는 수많은 학교 현장이나 상담기관에서 모래놀이를 상담과 치료의 보조물로 사용하고 있으며 경직된 규칙과 해석보 다 모래놀이의 과정에서 내담자가 얼마나 자신의 세계에 몰입하여 스스로를 치유하는 경험을 하는가에 더 주목한다(Boik & Goodwin, 2000: 6).

모래놀이 상담의 이론적 근거는 정신이 스스로를 치유하며 온전하게 성장 하려는 자율적인 성향을 가진다는 Jung의 개념에 기초하고 있으며, 모래놀 이는 한 인간이 온전해지는 개성화 과정에 있어 최고의 촉진제라고 보는 것 이다(Weinrib, 1983: 88). Turner(2005; 김태련 외 역, 2009: 21)는 3차 원의 모래놀이를 연속으로 창조하는 행위가 상징 형태를 띠며 무의식의 갈등 을 점진적으로 이끌어 냄으로써 정신을 건강하게 재정리하여 치유와 변형을 촉진하는 것이며, 모래놀이는 내담자로 하여금 자아의 정체성과 자기의 내 적 핵심을 일치하도록 허용한다고 하였다.

Dora Kalff(1980, 2003)는 Neumann(1973)의 초기심리 발달 단계를 기초로 모래놀이 치료의 과정을 동·식물의 단계, 투쟁의 단계, 적응의 단계 로 구분하면서 자아는 내적 변형을 거치는 동안 자기와의 관계로 재탄생된 다고 하였다. Neumann과 Kalff의 이론적 차이는, Neumann은 자아 발 달이 어머니와의 초기 관계로부터 시작하며, 모와의 분리 단계를 거쳐 세상 의 중심을 획득하는 단계로 발달된다고 설명하고 있는 반면, Kalff는 심 리적인 초기 단계를 어머니-자녀의 단일체로 보았으며 그 다음에 어머니와 의 관계를 통해 자기를 구성한다고 보았다(Turner, 2005; 김태련 외 역, 2009: 69).

즉, 모래놀이 상담에서는 내담자가 모래놀이를 하는 동안 상담자와 모아 (母兒) 관계를 형성하는 가운데 치유가 일어나는 것이다. 다시 말해서 모래놀이 상담에서는 상담자의 태도가 중요한데 상담자는 적극적 수용자로서의 어머니 역할을 통해 아직 미숙한 자아를 전폭적으로 수용해 줌으로써 그 관계에 힘입어 내담자가 치유 경험을 통해 심리적으로 성장을 하게 되는 것이다.

모래놀이의 치료적 효과

ー　　모래놀이의 치료적 특성을 살펴보면, 우선 모래의 특성에서 효과를 찾아볼 수 있다. 모래놀이 상담에서 사용되는 모래는 내담자의 무의식 또는 심층적인 정신과 의식의 세계를 연결하는 매우 중요한 매체이다. 모래는 건조하고 마른 상태와 젖은 상태에서 각기 다른 기능으로 작용한다. 모래는 부드럽게 흐르기도 하지만 정지되어 있기도 하다. 이것은 움직이는 에너지와 정지된 에너지가 조화롭게 왔다 갔다 하는 심층적 의미를 나타낸다. 즉, 인간의 정신은 유동적 특성을 가지고 있으며 전체적으로 자기원형에 의해 변환 과정을 거쳐 새롭게 배열이 되는데 이때 모래는 무언가를 찾아 움직이며 흐르는 정신적 에너지를 작용하게 하는 좋은 재료의 역할을 한다는 점에서 모래와 정신은 어떤 공통적인 것을 갖고 있다고 볼 수 있다(이유경, 2009: 8).

　이러한 모래놀이 상담은 다음과 같은 특징으로 내담자에게 치료적인 효과가 가능하다. 첫째, 내담자가 모래상자 안에 다양한 모형을 놓고 3차원의 작업을 함으로써 자신의 감정을 쉽고 자유롭게 표현할 수 있는 기회를 제공한다(김보애, 1994; 조희순, 1992; Carey, 2002). 모래놀이 상담은 모래상자 안에 피겨를 이용하여 자신의 이야기를 만드는 것으로, 다 만든 후에는 제목을 붙이고 줄거리에 대한 이야기를 한다. 모래놀이 상담 과정은 내담자로 하여금 자신을 편안하게 드러내 주게 하는 힘이 있으며 정신세계의 상징화를 보다 명확하게 보여 준다. 모래상자는 무의식의 표현과 자아탐색이 가능한 자유롭고 보호된 공간이라 할 수 있다.

　또한 모래놀이 상담은 언어 이전의 사고 양식인 심상을 활성화하여 모래에 표현하게 하고 그것에 대한 내용이나 느낌을 중요시하기 때문에 비언어적이면서도 자기치유적인 측면에서 유용한 심리치료 수단이다(노치현·황영희, 1998: 2). 모래놀이를 할 때 내담자는 모래상자 안에서 보호받음으로써 모든 발달이 시작되는 초기심리 상태로 자유롭게 퇴행하는 경험을 하게 된다. 즉, 보호된 환경으로서의 모래놀이 상자는 모래놀이 발달 단계의 전 과정을 통해 심리적으로 안전한 성숙을 촉진하는 조건을 만든다. 이러한 과정을 통해 내담자는 자기치유의 힘을 발휘하게 됨으로써 스스로를 치유하고 성장하고 발달시키게 되는 것이다.

최근에는 모래놀이의 치료적 가치가 주목받으면서 성인에게도 효과적인 치료 수단으로 인식되고 있으며, 그 외에도 많은 치료자들이 자신의 독특한 치료적, 진단적 목적에 적합하도록 다양한 방법을 적용하고 수정하면서 모래놀이에 대한 연구가 이루어지고 있다(박성민, 2011; 조희순, 2011, 2013). Erikson은 인간의 행동을 더 잘 이해하기 위해 하버드 대학생들을 대상으로 연극 만들기 검사(Dramatic Production Test; DPT)를 개발하여 모래놀이 치료에서 사용하였으며(박아청, 2010), Turner (2005)는 버클리 대학에서 가족 갈등을 연구하면서 초기 정신적 주체를 관찰하는 데 모래놀이를 활용하였다. 국내 연구에서도 모래놀이 치료를 다양한 연령대에 적용하고 연구한 논문이 많다. 조희순(1992)은 유아들을 대상으로 모래놀이 연구를 하였으며, 김보애(1994)는 환각 청소년들을 대상으로 모래놀이 치료 사례연구를 발표하면서 모래놀이의 적용이 다양한 연령으로 확산되기 시작하였다. 현재는 다양한 현장에서 다양한 사람들에게 모래놀이 상담이 적용되고 있다(구미향, 2012; 김진안, 2012; 노치현·황영희, 1998; 송영혜·이정자, 2007; 최혜라, 1997). 대표적으로 조희순(2009)은 아스퍼거 장애 유아에게 모래놀이 상담을 실시함으로써 유아기에 경험하였던 심리적 트라우마를 해소하고 사회에 적응하는 과정을 연구하여 발표한 바 있다. 최혜라(1997)는 대학 상담 장면에서 대학생에게 모래놀이 치료를 실시하였을 때 모래놀이를 통해 외부 세계와 자신의 관계를 자각하며, 보다도 더 짧은 시간에 자신의 잠재성에 대한 새로운 신뢰감을 가지게 되었다는 연구 결과를 보고하고 있으며, 조희순(2013)도 유아교육과 대학생을 대상으로 한 집단 모래놀이 상담에 자기성찰적 글쓰기를 병행함으로써 예비유아교사의 자아정체성과 자아존중감이 향상되었음을 보고하였다.

모래놀이 상담과 개성화 과정 사이에는 어떠한 관계가 있나?

Dora Kalff(1980/2003)에 따르면, "우리는 모래놀이를 통해 집단 무의식에 접촉할 수 있다. 모래놀이는 개인화(개성화) 과정을 촉진하고, 무의식의 내용을 의식화해 주며, 그것을 우리의 삶과 통합할 수 있게 해 준다."고 하였다(Turner, 2005; 김태련 외 역, 2009: 340). 따라서 아동이나 성인 모두의 모래놀이에서는 심리적으로 변형된 자아가 상징화되어 나타나는 장면이 연출되고 그 상황에서 놀이를 통해 극복하는 경험을 하게 되는 것을 볼 수 있다. Jung 분석가이며 국제 모래놀이 치료 학회 회장을 맡고 있는 Alexander(2013: 3-9)는 개성화는 세상을 밀어내는 것이 아니고 무의식에 있는 전체 정신인 자기와 자아와의 통합을 통해 세상을 자기 안에 품는 작업이라고 하였으며, 이러한 개성화 과정을 도와주는 것이 바로 모래놀이 상담이라고 하였다.

즉 모래놀이 상담을 통해 일어나는 개성화 과정은 다음과 같은 효과를 가진다. 먼저 우리의 마음속에 있는 내용을 구별하고 분리해 내는 작업으로서 우리 안에 있는 내적 자기와 외부의 대상과 관계를 맺고 있는 자아를 분리해 내는 분석 작업과 이후 이 둘이 통합해 가는 과정을 동시에 실시할 수 있다. 즉 모래놀이 상담을 하면서 자신이 의식하고 있는 자아를 올바르게 바라보는 동시에, 그것을 진정한 자기(self)와 결합하는 것이 함께 일어나는 것이다.

모래놀이에서 개성화란 분석을 통해 남과 다른 나를 구별해 내는 작업이다. 이러한 작업 이전의 정신은 모든 심리적 요소가 뒤섞여 있어 구별이 안 되고 혼돈스러운 상태로 나타난다. 그러나 모래놀이를 하면서 먼저 이러한 혼돈의 상태를 직면하게 하여 의식이 생겨나면 대극을 통해 남과는 다른 자신만의 독특한 개성을 구별하는 투쟁이 일어나고 이후에 본연의 자기(self)를 인식하고 통합해 감으로써 개성화를 촉진시켜 준다.

모래놀이 상담의 구조는 어떻게 구성되어 있나?

—   Turner(2005)는 모래놀이를 연구할 때 초기 관계에 대한 발달적인 이해가 필수적이라고 하였다. 이는 대부분의 내담자들이 모래놀이를 하는 가운데 자신의 상처가 시작된 시점으로 돌아가서 심리적, 정신적 기초를 재정비하는 것을 볼 수 있는 것에서도 나타난다. Dore Kalff(1980/2003)는 모래놀이 상담이 진행되는 과정을 살펴보면서 모래놀이 전 과정에 공통적인 발달 양상이 나타나는 것을 발견하고 이를 정리하였다(Turner, 2005에서 재인용).

Dora Kalff는 모래놀이의 치유적 변화가 모래놀이 상황에서 어머니와의 관계와 관련된 초기 심리상태로 돌아가 어머니를 상징하는 피겨와의 관계 형성을 통해 이루어지는 것을 관찰하고 Neumann의 자아발달이론을 참고하여 모래놀이 발달 단계를 동식물의 단계, 투쟁의 단계, 적응의 단계로 정리하였다.

Neumann(1973)의 자아발달이론을 살펴보면, 첫 번째는 초기 관계 단계, 두 번째는 세상 부모와의 분리 단계, 세 번째는 중심화 단계로 설명하고 있다(Turner, 2005: 김태련 외 역, 2009: 69-84). 그러나 Dora Kalff가 모래놀이 발달 과정에서 첫 번째 단계를 동식물의 단계라 한 것은 소위 단일체의 상태로서 자기와 타인에 대한 인식이 없이 어머니와 무의식적으로 뒤섞여 있는 상태를 의미한다. 이러한 초기 관계는 추후 세상의 모든 관계 형성의 기초가 되는데, 대부분의 사람들은 초기 관계의 결핍에서 오는 크고 작은 상처를 가지고 있으며, 이것이 모래놀이 상황에 출현된다고 보았다. Dora Kalff

는 이를 모래놀이에 적용시켜 모래놀이 상황 초기에 단일체적 특성이 나타나는 것으로 보고 이를 동식물의 단계라고 명명하였다. 이는 초기 관계 시기에 모와의 관계가 다소 불충분하더라도 나무, 정원 등 대지와 관련된 모성적 특성에 의해 긍정적 영향을 받을 수 있다는 Neumann(1973)의 주장에 근거한 것이다. Kalff는 두 번째 단계를 투쟁의 단계라고 하였다. 이 단계에서는 성장과 발전을 위한 대극적인 투쟁의 형태가 나타나며, 새로운 것이 드러나 기존의 것과의 투쟁에 의해 새로운 질서를 만들어 가는 등 격렬한 투쟁을 통한 성장이 일어나는 것에서 명명된 것이다. Neumann(1973)은 이 시기를 세상 부모와의 분리 단계라고 하였다. 지금까지 동일체라고 믿었던 의존의 대상인 어머니로부터의 분리·독립이 시작되는 것이다. Dora Kalff는 세 번째 단계를 적응의 단계라고 하였다. 무의식에서 자기가 인식되기 시작하면서 삶의 질서와 의미를 재정리하게 되며 현실 또는 집단에의 적응을 경험하게 되면서 치유와 변환의 과정으로 들어가게 된다는 것이다. Neumann(1973)은 이 시기를 중심화라고 불렀으며, 초기 양육자와의 관계에서 새로운 질서가 생기면서 자연스럽게 자기가 표현된다고 보았다. 따라서 세계의 중심이 자기에게로 온다는 것이다.

부정민(2013: 117)과 염숙경·김광웅(2008)은 이러한 Dora Kalff의 견해가 복잡한 모래놀이 전 과정을 설명하기에는 너무 단순한 경향이 있다고 비판하고 있다. 염숙경·김광웅(2008: 90)은 분석 심리학적 차원의 상징을 통한 모래놀이 이해는 너무 오랜 시간의 수련기간이 필요하며 상징에 대한 이해가 난해해서 상담자가 그 의미를 알지라도 내담자는 그 의미를 알기 어렵기 때문에 상담자와 내담자 간의 의사소통에 어려움이 있을 수 있음을 지적하며 모래놀이에 대한 다양한 틀을 개발하고 적용해야 함을 강조함으로써, 모래놀이에는 특정한 이론이나 틀이 없으며 다양하고 창의적인 방법으로 개발하여 적용할 필요가 있다는 De Dominico(1995)와 Turner(2005)의 견해를 지지하고 있다.

모래놀이 상담과 자성적 글쓰기

￣　　나의 연구에서는 전통적인 모래놀이 상담에 자기성찰적 글쓰기를 활용하였다. 모래놀이 상담에서 내담자는 자신의 마음에 있는 상을 다양한 피겨들을 활용하여 모래상자에 표현하며, 내담자는 이를 통해 자기이야기를 구성한다. 그가 구성한 모래상자의 세계는 상징적 언어이며, 외부와 의사소통이 되어야 하는 사인이면서 재구성되고 자각되어야 하는 마음의 내용들이다. 자기성찰적 글쓰기는 이러한 모래놀이의 비언어적 상징들을 문자적인 언어로 표현하게 함으로써 상담자와 내담자와의 의사소통을 가능하게 할 뿐만 아니라, 모래놀이에 나타난 상징을 통하여 의식화를 강화해 준다는 측면에서 상담치료적 효과를 더 높여 줄 것으로 본다.

　　Ammann(2001)은 모래놀이를 모래상자에서 실제적이고 창조적으로 일어나는 형상화와 관련된 치료 작업이라 하면서 모래놀이의 원칙은 모래상자에 만들어지는 심상의 형상화에 있음을 강조하였다. 특히 무의식의 형상화에 대한 작용을 아는 것은 매우 중요한 일이다. 그러나 대부분의 내담자는 무의식적 형상화가 자신의 모래놀이에 어떻게 적용되었는지 정확히 알 수 없으며, 이러한 이유로 상담자 역시 내담자의 무의식적 형상화에 대한 정확한 이해가 어려울 수 있다. 상담자는 내담자의 전체를 이해하는 것이 중요하므로 내담자 자신이 내면을 모래놀이로 표현하는 것과 더불어 이러한 것을 상징적 언어로도 표현하도록 하는 자기성찰적 글쓰기는 모래놀이 상담에서 중요한 역할을 할 수 있다.

　　모래놀이에 표출된 이야기를 중심으로 전개되는 자기성찰적 글쓰기는 과거의 특정한 경험을 중심으로 하나의 이야기를 구성하며, 특히 자신에게 많은 영향을 준 시점으로 돌아가게 한다. 우리의 삶과 연관된 특정 경험을 글로 쓰는 행위는 반성과 성찰로 이어지고, 자신의 글을 상담자와 공유함으로써 자신의 삶에 대한 공감과 지지를 받을 수도 있다. 그러므로 글쓰기는 인간의 내면 깊은 곳의 감정을 옮겨 표출할 수 있는 도구이며 감정적 억압으로부터 고통받는 이들의 고통을 완화시켜 주고 이들을 자유롭게 하는 치료적 도구가 될 수 있다(서기자, 2009: 168). 이러한 것은 이미 오래전부터 합의되어 온 사실로서, 특히 작가들은 글쓰기를 통해 현실의 삶과 자아와의 괴리를 치유하고 마음의 안정을 얻었다고 진술하는 경우가 많으며, 상처를 치유하는 데는 상처 경험에 대한 생각과 감정을 인식하고 표현하는 것이 중요한데, 글쓰기는 이러한 억압된 감정을 직면하도록 돕는다(박경희, 2006: 9).

Pennebaker(1995)는 글쓰기가 상처받기 쉬운 자아를 노출시켜 개인의 심리를 표현하게 하는 데 효과적이라고 하였다. 글쓰기는 자신에 대한 심층적 이해에 도달할 수 있고 그것을 읽는 자에게 저자의 삶을 이해하며 공감할 수 있는 계기와 상황을 제시한다(Gaitain, 2000: 2). 그러므로 글쓰기는 자신의 내면을 사회적으로 합의된 상징적 부호인 문자로 표현함으로써, 다른 사람과 공감하고 소통할 수 있는 역할을 하는 것이다.

특히 자기성찰적 글쓰기는 자기 자신에 대한 이해를 증진시킬 수 있고, 타자와 세계에 대한 관심을 촉진시킬 수 있을 뿐만 아니라 내담자가 자신의 모습을 스스로 발견함으로써 스스로의 문제 해결에도 도움이 될 수 있다. 자기성찰적 글쓰기 전 과정에서 우리는 과거를 되돌아보는 반추 체험의 과정을 가질 수 있고, 이러한 경험을 통해 우리는 현재와 과거의 자기 자신 사이에 일정한 심리적 거리를 유지하면서 진실한 대화를 할 수 있다. 자기성찰적 글쓰기 및 내용은 수많은 경험 중 특정한 경험을 선택하여 이야기로 구성한 것이며, 이러한 특정한 경험은 삶에 중요한 영향을 미쳤기 때문에 선택된 것이다. 이러한 자기성찰적 글쓰기를 통해 우리는 과거의 나와 대면하면서 새로운 자아를 기획할 수 있고 자기와의 대면을 통한 반성적 작용이 이루어짐으로써, 자기 자신에 대한 이해를 증진시킬 수 있게 된다.

또한 자기성찰적 글쓰기를 통해 자아는 필연적으로 타자를 만나게 된다. 나에게 영향을 미친 특별한 경험들이 나를 둘러싼 다른 사람들과의 관계로 형성되는 것은 당연하기 때문이다. 여기서 타자는 사람, 동물, 물건까지 모두 포함하고 있을 뿐만 아니라 학교, 지역, 나라 등 나를 둘러싸고 있는 세상 모두를 포함하고 있는 것이다. 자기성찰적 글쓰기를 통해 과거의 또 다른 나를 찾아 여행을 떠나며, 이것은 하나의 이야기와 같이 줄거리로 표현된다. 과거의 여행은 자기와 타자의 관계망 속에서 여러 갈등을 겪으며, 대화와 행동을 회상하고 정확한 갈등을 간파하여 제3자의 입장에서 바라봄으로써 타자와 세계에 대한 이해를 증진시키는 역할을 할 수 있는 것이다.

자기성찰적 글쓰기에서 자기 경험을 서술하는 것은 단지 과거에 겪은 일을 이야기하는 차원에서 머무는 것이 아니며, 자신에 대한 정체성을 형성하기 위한 방법이 되기도 한다. 자기를 대상으로 하는 글쓰기는 현재의 나의 관점에서 과거의 나를 반성적, 창조적으로 돌아보는 행위이며 끊임없이 자신과 나누는 대화이기 때문이다. '나는 누구인가?' 하는 질문은, 곧 '나는 어떤 존재가 되어야 하는가?'와 불가분의 관계에 놓여 있으며, 자기성찰적 글쓰기는 자신의 정체성과 인격을 만들어 가는 과정과 밀접한 관계에 놓여 있다고 할 수 있다. 그러나 이러한 개인의 정체성은 자아와의 대면적 자성에 의해서만 발견될 수 있는 것은 아니다. 자기 인식은 타자와의 관계 속에서 대자적으로 형성되며, 타자를 통해 나를 인식할 수도 있기 때문이다. 자기성찰적 글쓰기는 자아정체성을 형성하는 첫걸음이며, 이를 통해 자신, 타자, 세계의 모습을 종합적으로 이해할 수 있게 한다(이성희, 2014). 이로써 자기성찰적 글쓰기는 나를 객관화시켜, 평소에 인식하지 못했던 다른 면을 발견하게 하며, 더 나은 자아로 성장하는 데 도움을 준다(최성실, 2012: 282). 뿐만 아니라 자기성찰적 글쓰기는 자신의 정체성에 대해 깊이 고민하는 것으로부터 시작된다. 조희순(2013)은 예비 유아교사를 대상으로 글쓰기를 활용한 집단 모래놀이 상담을 실시하여 자아정체성과 자아존중감이 성장되는 것을 연구하였다. 이 연구에서 모래놀이만 하였던 그룹보다 자성적 글쓰기를 함께 실시하였던 그룹들이 더 명료하게 자신의 현재 심리상태를 조망하고 자아정체성과 자아존중감을 획득하는 것을 볼 수 있었다.

제3장

점 심 시 간

여행지에 도착하여 잠시 짐을 내려놓고 도시락을 꺼냈다.

분주히 기차역을 오가는 사람들,

다들 자기 걸음을 재촉하기 바쁘다.

그런 그들의 모습을 유심히 바라보고 있다.

강렬한 햇빛,

그러나 시원한 바람.

내 긴 여정을 든든하게 만들어 줄 도시락과

여행의 시작 전 챙겨 두었던 준비물들도 다시금 세어 본다.

날씨는 여전히 맑고,

나의 연구 역시 밝다.

나의 점심 도시락: 질적연구방법

여기에서는 지금까지 내가 하고자 하였던 연구방법들을 설명하려고 한다. 나는 연구참여자들이 자성적 글쓰기가 활용된 모래놀이 상담에 참여하고서 겪는 경험과 변화 및 성장의 내용들, 그리고 일상과 교육적 삶에서 변화를 제대로 이해할 수 있다면 더할 나위 없이 좋으리라고 생각하였다. 이러한 연구 목적을 달성하기 위해서는 무엇보다 연구참여자의 내적인 경험의 흐름을 그들의 입장에서 세심하게 이해하려는 노력이 필요하다. 사실 특정한 프로그램의 진정한 효과를 파악하기 위해서는 프로그램의 사전, 사후 변화치를 비교하는 통계자료만으로는 부족하며, 프로그램에 참여한 개인들

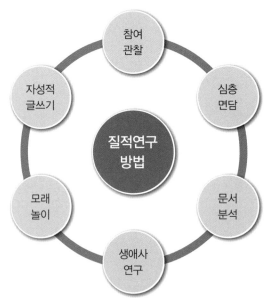

그림 3 질적연구방법

의 주관적 경험과 생각, 그리고 어떤 부분이 어떻게 변화되었는지를 현장지향적인 질적연구방법을 통해 관찰하고 이야기하는 것이 좋다(김영천, 2006: 99). 이러한 판단에 따라 나의 연구에서는 참여관찰과 심층면담, 그리고 생애사 연구법과 문서분석 등의 방법을 활용하여 자료를 수집하고 연구참여자의 경험 내용을 그들의 입장에서 심층적으로 이해하려고 하였다.

우선 연구에서 주된 방법으로 사용되었던 자성적 글쓰기를 활용한 모래놀이 상담에 대해 설명하고자 한다. 이 두 가지 방법을 적절히 혼용하기 위해서는 많은 준비과정이 요구되었다. 그러나 이러한 작업은 어느 정도 수월하게 진행되었고, 자성적 글쓰기가 활용된 모래놀이 상담은 각 참여자별로 총 11회기까지 진행할 수 있었다. 이 중에서 1~8회기까지는 집단 모래놀이 상담형태로 진행되었으며, 추가로 3회기의 심층면담이 개별 모래놀이 상담의 형태로 진행되었다. 그리고 마지막에 생애사 면담이 1회 진행되었다. 이러한 자성적 글쓰기가 활용된 모래놀이 상담의 전체 구성을 대략적으로 나타내 보면 다음과 같다.

먼저 집단 모래놀이 상담의 구성을 간략히 살펴보면, 제1회기는 처음 모래놀이를 시작하는 시기이기 때문에 연구자는 연구참여자들에게 모래놀이 상담의 진행과정과 취지를 소개한 후 모래놀이를 집단으로 실시하였으며, 연구참여자들은 모래놀이 상자에 현재 자신의 내면세계를 있는 그대로 표현하였다. 제2회기에서는 연구참여자들이 자신의 내면 또는 무의식을 모래상자에 표출하고 그것과 조심스럽게 직면하게 된다. 제3~4회기에서는 제2회기에 이어 무의식을 탐색하며 의식화를 시도하고 그러한 결과를 모래상자에 펼치게 된다. 이럴 때 연구참여자들은 갈등을 경험하게 됨에 따라 제5~6회기에서는 연구참여자들이 겪는 갈등의 상황에 대한 심리적 투쟁을 모래놀이 한다. 이렇게 갈등 상황을 모래놀이 상자에 펼쳐 내어 갈등의 대상 및 원인을 자각하는 것을 투쟁이라고 표현한다. 제7회기에서는 연구참여자들이 지금까지 해 온 모래놀이의 의미를 뚜렷하게 알아차리게 되면서 자기의 전체적인 모습을 어렴풋이 의식하게 되고, 제8회기에서는 새롭게 알게 된 자신을

표 2 집단 모래놀이 상담

상담 형태	회기 및 일정	주요 활동
집단 모래놀이 상담	제1회기 (2013년 11월 11일)	• 모래놀이 상담에 대한 안내와 취지 소개하기 • 규칙 정하기 • 마음을 탐색하며 모래상자 꾸미고 글쓰기
	제2회기 (2013년 11월 13일)	• 무의식의 내용을 모래상자에 표출하고 글쓰기 • 무의식에 내재되어 있는 혼돈에 직면하기
	제3~4회기 (2013년 11월 19일, 20일)	• 모래상자를 구성하고 글쓰기 • 무의식의 탐색을 통해 의식화하고 분리하기 • 서서히 무의식에 침잠하기
	제5회기 (2013년 11월 25일)	• 전투적이고 공격적인 모래놀이 표출하고 글쓰기 • 갈등해결을 위한 대극 상황 연출 및 직면하기 • 부정성과 긍정성의 대극을 경험하며 투쟁하기
	제6회기 (2013년 11월 27일)	• 모래상자를 구성하고 글쓰기 • 의식화를 통해 내적 변화를 경험하기 • 모래놀이의 내용이 무엇을 상징하는지 점차 알아차리기
	제7회기 (2013년 12월 2일)	• 문제에 직면하는 용기를 가지기 • 내적 자기(self)의 실체를 수용하기 • 재구성되는 이야기에 주목하기
	제8회기 (2013년 12월 4일)	• 새롭게 알게 된 자신의 진면목을 인정하고 받아들이기 • 모래놀이 이야기를 현실적 삶과 연관시키기

수용하고 삶에 적용하게 된다.

한편, 집단 모래놀이 상담이 끝난 후 실시되는 심층면담 제1회기~3회기는 개별 모래놀이 상담으로 구성하였다. 제8회기까지는 집단을 통해 집단원 모두 서로의 모래상자에 표현한 상징을 읽어 주거나 피드백을 주고받음으로써 도움을 줄 수 있었으나 자신의 실체를 직접적으로 인식하기 시작하는 시점부터는 누군가가 간접적으로 도움을 주지 않아도 자신의 내면을 스스로 알아차릴 수 있으므로 개별 모래놀이 상담이 더 효과적이었다. 개별 모래놀이 상담으로 이루어지는 심층면담은 모래놀이 전 과정 중 적용의 단계로서 새롭게 알게 된 내면의 자기(self)를 받아들이고 현실적으로 인정하게 되며, 더 나아가서는 의식에 있는 자아(ego)와의 화해를 시도함으로써 자신의 소중한 한 부분으로 인정하고 사랑하게 되는 개성화 과정을 경험하게 되는 것을 보고자 하였다. 마지막으로 연구참여자의 삶의 맥락에서 그들이 사용한 상징들과 이야기들의 의미를 살펴보고자 생애사 면담을 1회 실시하였다.

생애사 면담은 Life History를 단어중심(명사, 형용사, 동사)으로 실시한 후 모래놀이 상담에서 나왔던 중요한 주제들과 결부된 연구참여자의 삶과 관련하여 질문하는 시간이 이어졌다. 모래놀이에서 사용되었던 모든 피겨들, 모래상자의 형태들, 그들이 만들어 내었던 이야기들 모두를 생애사 면담 방법을 사용하여 되짚어보고, 의미 있는 부분들을 추론해 내는 과정으로 삼았다.

표 3 심층면담을 위한 개별 모래놀이 상담

상담 형태	회기 및 일정	주요 활동
심층면담 (개별 모래놀이 상담)	제1회기 (2014년 1월 27~29일)	• 그 동안 외면하고 회피하였던 문제의 핵심이 명료해지면서 현실적 삶과 연결하려는 노력을 한다.
	제2회기 (2014년 2월 27~29일)	• 모래놀이 상황에서 보다 확신을 가지고 자기 치유작업을 시도하며 현실에 적용해 본다.
	제3회기 (2014년 3월 25~26일)	• 지금까지의 모래놀이 내용에 전환점을 보이며 현실적 삶에서도 행동의 변화를 가진다.

표 4 생애사(Life History) 면담

상담 형태	회기 및 일정	주요 활동
생애사 면담 (Life History 표 만들고 개별 상담)	제4회기 (2014년 4월 26~27일)	• Life History 표 만들기 • 모래놀이 상담에 사용된 여러 상징들과 이야기들을 연구참여자의 전 삶의 맥락에서 이해한다.

모래놀이 상담 자세히 보기

━   자성적 글쓰기가 활용된 모래놀이 상담의 각 회기내 구성은 다음과 같은 다섯 가지의 과정으로 이루어진다.

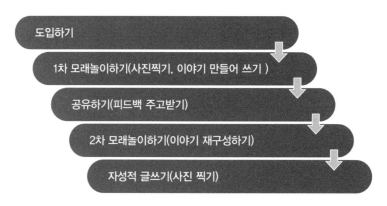

그림 4 모래놀이 상담 회기내 진행 과정

첫 번째는 도입하기로서 연구참여자들은 최근에 겪은 경험이나 기억에 남는 꿈 등을 소개하면서 자신을 회상한다. 간단히 래포를 형성하는 과정으로 이해하면 된다. 그런 후에 연구참여자에게 모래상자에 들어 있는 모래의 질감을 느끼게 하여 무의식의 방어를 해제함으로써 정신이 좀 더 심층으로 퇴행할 수 있도록 이끈다.

이후 세상의 모든 형태를 사실적으로 만들어 놓은 다양한 종류의 피겨를 이용하여 자신의 무의식이 이끄는 대로 1차 모래상자를 꾸며 보게 한다. 그런 다음에 모래상자를 보면서 자신의 언어로 동화 형식의 이야기를 만들어 글로 기록하게 한다. 이때 가급적 육하(6W)원칙(누가, 언제, 어디서, 무엇을, 어떻게, 왜)에 따라 이야기를 구성하도록 하여 스토리를 만들고 제목을 붙이는 과정을 통해 표출된 심상은 살아있는 이야기가 된다.

다음은 공유하기이다. 집단원 전체가 돌아가며 자신이 글로 쓴 이야기를 설명하고 서로를 격려해 주거나 질문을 하며, 피드백을 주고받음으로써 모아(母兒) 관계의 형성을 통해 서로에게 도움을 주고 받는다. 이 과정에서 연구자와 연구참여자는 모래상자에 펼쳐진 심상과 글쓰기의 은유적 표현이 연구참여자 자신의 무의식임을 이해하게 된다.

그 다음은 처음 만들어 놓은 모래놀이 상자를 재구성하는 2차 모래놀이로서, 연구참여자가 자신의 모래상자를 다시 재배열해 보는 재구성 단계이다. 즉, 이 단계는 연구참여자가 앞의 과정을 거치면서 의식화한 모래상자 안 심상의 의미들을 다시 모래놀이를 통해 변형한 후 글쓰기를 하면서 이야기를 재구성하는 과정이다. 중요한 것은 이때 치유가 일어난다는 것이다.

마지막 다섯 번째는 정리하기로서 통찰하는 시간이다. 연구참여자는 본 회기의 모래놀이에서 새롭게 탄생한 모래놀이 내용과 자신의 글(이야기)들을 다시 살펴보고 자신의 내적 세계가 어떻게 변화되어 갔는지를 확인해 본다. 연구참여자는 마지막으로 자신이 만든 창작적 세계를 통해 얻게 된 무의식에 대한 통찰을 점검하고 그 느낌을 자기성찰적 글쓰기로 종합 정리한다.

세 명의 연구 동반자: 유아교사

—   나는 전화와 공문을 통해 서울시 관내에 있는 모 교육청 소재 8개의 유치원과 접촉하여 연구 취지를 설명하고 연구 참여를 희망하는 교사를 추천받았다. 연구참여자의 기준은 유치원 또는 어린이집에 근무하는 현직 유아교사로서 3~5년의 교직 경력을 가지고 있는 교사로 제한하였다. 왜냐하면 이 시기는 교사가 교육기관에 속한 사람들과 관계를 맺고 실제 교육에 임하면서 수업에 대한 스트레스를 겪거나 관계자들과 갈등을 통해 사회화되는 시기로서 교사 생애에서 가장 중요한 과정이기 때문이다(변정현, 2012: 212).

약 1주일이 지난 후에 9명의 교사가 전화로 연구 참여 의사를 밝혔다. 그 중에서 첫 모임인 연구 설명회에 참여한 교사는 6명이었다. 이들 6명을 2013년 11월 11일 나의 모래놀이 상담센터에 모이게 하고 연구에 대해 자세하게 소개하였다. 이들은 모두 연구에 자발적 참여 의사를 밝혔고, 연구자는 이들 6명의 연구참여자에게 8회기에 걸쳐 자성적 글쓰기가 활용된 집단 모래놀이 상담을 실시하였다. 2개월 동안 실시된 집단 모래놀이 상담이 종료된 이후 앞으로의 추가 연구 일정에 대해 안내하였다. 본 연구의 총 일정은 2013년 11월부터 2014년 8월까지였으며, 연구참여자들이 참여한 일정은 8회기에 걸친 집단 모래놀이와 함께 심층면담 3회기와 생애사 연구 등의 자료 수집 과정이었다. 이에 연구참여자 6명에게 이와 관련된 자세한 안내를 하였으나 일부 연구참여자들이 신상의 변화 및 근무지 이동 등의 이유로 중도 포기 의사를 밝혔고 최종적으로 연구에 참여한 유아교사는 3명이었다.

중도포기자의 경우는 근무지 및 주거지를 연구지에서 먼 곳으로 이동하게 되어 이후 연구에 참여하지 못한 경우 1건, 유치원 교사에서 퇴직하게 되어 연구에 참여하지 못한 경우 1건, 더 이상 연구에 참가할 의사가 없음을 밝힌 경우 1건이 있었다.

결론적으로 본 연구는 연구가 시작되는 시점부터 종료되는 시점까지 모두 참여한 연구참여자 3명을 대상으로 실시된 연구 결과를 토대로 진행되었다. 최종 연구참여자는 유치원 교사 2명과 어린이집 교사 1명으로 구성되었다. 이들은 자기 자신에 대해 알고 싶다는 강한 호기심을 바탕으로 모래놀이를 통해 자신이 변화되기를 기대하고 있었다. 더불어 이들은 유아교사로서 평소에 자기 자신이 겪는 심적인 어려움과 인간관계의 갈등으로 일상과 교육현장에서의 생활에서 어려움을 가지고 있었기 때문에 본 연구 목적과 연구 취지에 적합한 대상자로 판단되었다. 3명의 연구참여자에 대해 간략히 살펴보면 다음과 같다.

표 5 연구참여자 현황

성명(가명)	성별	연령	직업	학력	경력	참여 동기
자운영	여	27	어린이집 교사	3년제 대학 졸업	5년	• 어머니와의 갈등 • 짜증과 우울한 감정
수선화	여	28	유치원 교사	4년제 대학 졸업	3년	• 소극적 성격으로 인한 고통 • 정체성 혼란
들국화	여	26	유치원 교사	3년제 대학 졸업	4년	• 소통에 대한 갈등

먼저 자운영 교사가 있다. 연구참여자 자운영 교사는 27세이고 유아교직 경력은 5년차이며 지난해까지는 유치원에 근무하다 친척이 운영하는 어린이집으로 근무지를 옮겼다. 자운영 교사는 중학교 3학년이었을 때 부모님이

이혼하신 후 엄마와 함께 살고 있는 외동딸이다. 자운영 교사는 유아교사직에 만족하며, 성격은 매우 활달하고, 동료교사들과의 관계가 매우 친밀하다고 하였다. 그러나 최근 들어 왠지 짜증이 나고 불안한 감정으로 마음이 불편하여 본인도 이러한 자신의 마음 상태에 대해 의아해하던 차에 모래놀이에 관심을 갖게 되었다고 말하였다.

두 번째 참여자는 수선화 교사이다. 수선화 교사는 유아교직 경력 3년차이고 28세이며, 현재 유치원 교사로 재직 중이다. 가족 관계는 부모님과 1남 1녀 중 둘째이며 지방에 계시는 부모님과 떨어져 서울에 혼자서 거주하고 있다. 수선화 교사는 본심이 아님에도 불구하고 다른 사람의 생각이 옳든 그르든 자신의 의지와 상관없이 무조건 흔쾌히 수용하고는 늘 화를 꾹꾹 참는 버릇이 있어서 가슴이 답답하다고 하였다. 모래놀이 활동을 통해 자신이 갖고 있는 이러한 성격적 어려움들에 대한 답을 꼭 얻기를 바란다고 하였다.

세 번째 참여자는 들국화 교사이다. 유아교직 경력 4년차로 26세이며, 현재 유치원에 근무 중이다. 가족 사항은 1남 1녀 중 둘째이고 부모님과 함께 동거 중이다. 지난해에는 학급에 장애 아이가 2명이 있어서 유치원 교육활동에 많은 애로사항이 있었으며 그로 인해 몹시 스트레스를 받았다고 한다. 또한 근무하는 유치원에서 동료교사와의 관계에서도 의사소통에 어려움을 겪고 있다고 하였다.

연구 도구

— 나는 '자성적 글쓰기가 활용된 모래놀이 상담'의 실행을 위한 도구로서 모래놀이 상자(26×34×4cm), 모래(회색의 가는 모래), 피겨(다양한 모형의 미니어처들), A4 용지, 볼펜, 비디오카메라 등을 준비하였다.

모래놀이 상자는 하나의 축소된 우주이며 정신을 담아내는 세계이다. 또한 인생을 공연하는 무대와도 같다. 그러므로 모래놀이 상자는 누구에게도 침해받지 않는 자신만의 보호된 공간이어야 한다. 모래놀이를 처음 창안한 Lowenfeld(1939)는 50×75×7.5cm 크기의 알루미늄 상자를 만들고 그 안쪽을 파란색으로 칠하여 마치 물이 들어 있는 느낌을 주게 만들었다. 그후 Dora Kalff(1980)는 49×63×7.5cm의 나무상자를 제작하고 내부는 금속 또는 플라스틱으로 하였으며, 파란색을 칠하였다(노치현·황영희, 1998). 조희순(1992)은 52×72×7cm 크기의 나무틀을 만들고 그 안쪽에 파란색 페인트를 여러 겹 칠하여 사용하였다. 이는 개인이 모래상자를 꾸밀 때 상자 크기가 한눈에 들어오는 적절한 크기여야만 내담자의 마음을 편안하게 하여 안정된 마음으로 모래놀이에 임할 수 있기 때문이다. 그러나 일반적으로 모래놀이 상담에서 사용되는 모래상자의 크기는 정해진 규격이 없으며 상담자가 상황에 따라 자유롭게 변형하여도 무방하다. 본 연구에서는 집단 상담에 사용할 수 있도록 26×34×4cm 규모의 나무상자를 직접 제작하고 그 안쪽에 물이 있는 느낌을 주도록 파란색 페인트를 칠하여 사용하였다. 이렇게 만들어진 모래상자 안에서의 놀이는 억압된 무의식을 자연스럽게 표출하게 함으로써 의식화를 촉진하게 된다(박태진, 2010).

모래상자가 하나의 축소된 세계라면 그 안에 담기는 모래는 우리의 정신 그 자체를 의미한다. 모래는 다양한 종류를 사용할 수 있다. 따라서 상담자는 상황에 따라 가는 모래, 거친 모래, 중간 굵기의 모래를 준비할 수 있고, 내담자의 기호에 따라 젖은 모래, 마른 모래(회색, 갈색, 흰색 모래) 등을 사용하기도 한다. 본 연구에서는 가는 회색 모래를 사용하였다. 연구참여자의 요구가 있으면 사용할 수 있도록 물을 준비해 두었으나 연구참여자들은 한 번도 물을 사용하지 않았다.

한편, 다양한 종류의 피겨가 연구를 위해 사용되었다. 피겨란 세상의 모든 모양을 모방하여 만들어 놓은 작은 미니어처 또는 자연물(돌, 조개껍질, 나무 등) 등을 총칭한다. 모래상자 안에서는 이 피겨들을 사용하여 수많은 세계가 창출되었다가 소멸된다. 연구참여자는 모래상자 안에 피겨를 놓아 가며 자신의 무의식 세계를 의식화하여 인식해 가는 과정을 경험한다. 따라서 모래만큼 중요한 것이 피겨다. 그러므로 다양한 세계를 표현할 수 있는 일상적인 생활과 관련된 것들이 있어야 한다. 집, 사람, 가구, 음식, 도시, 동물, 다양한 종류의 교통수단은 물론이며 만화 캐릭터, 신화적인 것, 민속품, 동화에 나오는 주인공들 또는 역사적인 것, 인종적인 것, 슬픔과 기쁨 등의 감정을 표현할 수 있는 것, 시간과 공간을 초월하여 상징을 나타낼 수 있는 것, 특히 투쟁을 표현할 수 있는 전쟁 관련 피겨(아군, 적군)와 손상된 물건, 예술복제품, 종교적인 것 등 세상의 모든 것을 묘사한 물건뿐만 아니라 돌, 조개껍질 같은 자연물도 모두 피겨의 범위에 포함된다.

그 다음은 모래놀이 후 그 내용을 가지고 자신의 이야기를 글쓰기할 때 사용하는 종이와 볼펜이다. 비디오카메라는 사진 찍기와 동영상 촬영이 모두 가능한 것으로 각 회기마다 연구참여자가 모래놀이 상자에 만들어 놓은 주요 장면을 촬영하고, 전 회기에 걸쳐 모든 과정을 비디오 촬영하였다.

연구에 사용한 질적연구방법

━ 나의 연구에는 질적연구방법이 활용되었다. 우리가 연구라고 하면 설문조사와 통계를 활용한 양적연구방법을 떠올리기 쉬울 것이지만, 질적연구방법을 활용하면 연구참여자의 정신세계나 깊은 생각을 알아보기에 유용한 장점이 있다(김영천, 2006). 이러한 판단에 따라 질적연구방법 중에서 다음 몇 가지 방법을 사용하였다.

첫 번째, 참여관찰 방법을 사용하였다. 참여관찰은 주요한 질적연구방법으로서 양적연구방법과는 달리 연구자가 직접 현장에 들어가 장기간 그들과 접촉하고 관찰하면서 그들의 다양한 생활양식과 의식, 감정, 신념 등의 특성들과 변화의 과정을 밝힐 수 있는 현장 지향적인 연구방법이다. 이러한 참여관찰은 관심 있는 현상에 대해 알려진 사실이 없거나, 현장의 상황과 사람들의 활동, 그리고 의미를 기술하고자 할 때, 특히 연구참여자들이 직접적으로 언급하기 싫어하거나 말하고 싶지 않은 사건들을 이해하며, 심지어 연구참여자들조차 인식하지 못하는 일상 내용들의 맥락을 밝히고 이해하는 데 효과적이다(김영천, 2006: 205). 나는 상담자이자 연구자로서 모래놀이 상담의 전 과정에서 연구참여자들이 내적으로 경험하는 다양하고 독특한 내용들과 주제들, 그리고 갈등과 해결을 포함한 심적인 변화들을 질적연구방법으로 이해하려고 하였다.

구체적으로 참여관찰은 다음과 같이 이루어졌다. 나는 프로그램 개발자이자 상담자로서 자성적 글쓰기가 활용된 모래놀이 상담에 참여하는 연구참여자들이 모래놀이를 수행하는 전 과정을 관찰하였다. 이 과정에서 매 회기마다 달라지는 교사들의 변화를 집중적으로 관찰하려고 하였다. 특히, 총 8회기의 집단 모래놀이 상담과 3회기에 걸친 개별 모래놀이 상담 및 심층면 담, 그리고 1회의 생애사 면담 전 과정을 비디오로 촬영하였다. 이렇게 수집 된 동영상 자료는 나중에 자료를 분석할 때, 연구참여자들의 내적인 변화를 보다 온전히 이해하고 심층적으로 분석하려고 할 때 가장 중요한 자료가 되 었다. 비디오 촬영에는 연구참여자들이 모래상자의 모래를 만지는 모습과 선택한 피겨들을 가지고 모래상자를 꾸미는 모습을 촬영하였다. 여기에는 연구참여자들이 자신이 꾸민 모래놀이 상자를 보고 글쓰기를 하고 이야기를 하는 전 과정이 포함되었다. 또한 촬영을 담당한 연구보조자는 연구참여자 의 이러한 요소들을 효과적인 영상 기록으로 만들기 위해 이야기 흐름을 따 라가면서 동영상의 초점을 조절하는 방식으로 영상을 기록하였다.

이때 촬영되는 장면은 연구참여자의 프라이버시를 존중하기 위해 얼굴이 나 신체 등이 정면으로 드러나지 않도록 조치하였으며, 대부분 연구참여자 가 만들어 낸 모래상자의 장면을 중심으로 수집되었다.

두 번째, 심층면담 방법은 연구참여자들의 내적 세계를 이해하고 연구과 정에서 수집한 여러 자료들에 담긴 의미를 더욱 심층적으로 이해하기 위해 개별 모래놀이 상담 방식으로 실시되었다. 심층면담이란 연구참여자들과 유

표 6 참여 관찰 및 심층면담 자료(집단 모래놀이, 개별 모래놀이)

연구참여자	유형	일시	사진 및 영상	전사자료
자운영	집단 모래놀이	2013.11.07~12.26	16장(180분)	A4 29페이지
	개별 모래놀이	2014.01.27~03.26	9장(300분)	A4 53페이지
수선화	집단 모래놀이	2013.11.07~12.26	6장(180분)	A4 33페이지
	개별 모래놀이	2014.01.28~03.25	5장(90분)	A4 20페이지
들국화	집단 모래놀이	2013.11.07~12.26	6장(110분)	A4 28페이지
	개별 모래놀이	2014.01.29~03.26	6장(120분)	A4 26페이지

대감이 형성된 후, 대화를 통해 그들의 관점과 생활세계, 그들의 의식, 주관성, 감정을 이해하기 위한 질적연구의 대표적인 연구방법 중 하나로서, 이미 지나가 버린 과거의 기억들과 같이 관찰하기 어렵거나 연구참여자의 행동이나 생활, 그들이 남긴 자료들이 말해 주지 않는 내적 세계를 이해하고 발견하는 데 가장 효과적인 연구방법이다(김영천, 2006: 262). 따라서 심층면담을 통해 연구참여자들과 유대감을 형성하고, 중요한 이야기들을 많이 듣고자 하였다. 특히 나의 연구에서는 모래놀이 상담의 실행 과정에서 연구참여자들이 상징적인 표현들을 많이 사용한다는 점에서 심층면담 과정은 상당히 중요한 작업 중 하나였다. 모래놀이 상담의 전 과정은 연구참여자들의 과거 기억들과 경험들을 통하여 복합적으로 치유되는 과정이었으며, 연구참여자들의 내적 세계와 그들이 모래놀이 상담의 실행 과정에서 사용하는 상징들과 그들이 작성한 이야기들의 의미를 이해하는 데는 심층면담이 가장 적합한 연구방법임을 알 수 있었다.

심층면담은 연구참여자의 내적 세계를 대화로서 공감하는 것이다. 따라서 나는 연구참여자들이 그들의 관점과 감정을 솔직하게 말할 수 있도록 하는 데 중점을 두었다. 특히 그들의 과거 기억과 상담 실행 과정에서 겪었던 경험들을 잘 되살려서 이야기할 수 있도록 미리 분석한 자료들을 활용하였다. 연구참여자들에 대한 정보를 분석하고, 그 분석 결과를 토대로 연구참여자를 경험의 세계로 안내해 줄 단서이자 원활하고 심층적인 대화의 출발점으로 활용할 적절한 면담 가이드를 작성하는 것이 중요하였다.

구체적인 면담은 다음과 같이 이루어졌다. 우선 집단 모래놀이 상담을 마치고 난 후에 2014년 1월부터 4월까지 1인당 3회에 걸쳐 심층면담을 실시하였다. 심층면담은 집단 모래놀이 상담 때와 같이 모래놀이를 하되 개별적으로 이루어졌다. 개별 심층면담 역시 상담센터 안에 있는 모래놀이 상담실에서 이루어졌으며, 나와 연구참여자 단 둘이서 진행하였고 전 과정을 연구보조자가 참관하면서 촬영하였다. 연구참여자는 사전에 약속한 날짜와 시간에 맞추어 상담센터를 방문하였다. 상담실에 들어오면 우선 그동안 어떻

게 지냈는지 안부 인사를 나눈 후 연구참여자는 곧 모래놀이 상자를 구성한
다. 연구참여자는 처음에 모래를 만지며 충분히 느낀 후 자연스럽게 선반으
로 가서 수많은 피겨들 중에 마음에 와 닿는 것들을 가져와 모래놀이 상자
를 꾸몄다. 이미 집단 모래놀이를 통해 방법을 잘 알고 있는 연구참여자는
익숙하게 자신의 마음이 가는 대로 피겨를 선택하여 상자를 꾸몄다.

　이와 같이 심층면담에서도 모래놀이를 활용한 이유는 연구참여자들의 변
화를 좀 더 그들의 입장에서 이해하기 위한 것이다. 즉, 심층면담에서는 연
구참여자의 진솔한 이야기를 듣는 것이 중요한데, 모래놀이는 연구참여자의
무의식적 방어를 해제하는 효과가 있기 때문이다. 이에 연구참여자는 마음
놓고 자신의 무의식 세계를 상자 안에 거침없이 펼쳐 나가게 된다. 심층면담
으로 개별 모래놀이를 실시하게 된 또 다른 이유는 집단 모래놀이를 진행하
면서 연구참여자마다 개성화 과정의 진행 속도에 차이가 있다고 판단되어
추가적으로 모래놀이가 필요할 것이라고 생각했기 때문이다. 집단 모래놀이
에서와 마찬가지로 모래놀이 상자를 모두 꾸미고 나면 그 내용을 이야기로
만들어 글쓰기를 실시한 후 8회기 동안의 집단 모래놀이에서 나온 여러 상징
들과 이야기들을 연결하여 심층면담을 진행하였다. 심층면담을 통해서 알
고 싶은 것은 우선 연구참여자가 자성적 글쓰기가 활용된 모래놀이 상담에
서 사용하였던 여러 피겨들과 그들이 작성한 이야기들에 대해 심층적으로 이
해하고자 연구참여자가 기록한 글쓰기 자료를 같이 보면서 그 때의 기분과
감정, 생각 등을 질문하였다. 또한 글의 내용을 쓰게 된 배경과 그러한 상징
을 사용한 이유, 프로그램 수행에서 가장 기억에 남거나 가장 슬펐거나 가
장 갈등이 심했던 상황과 내적인 고민의 과정 등에 대해 자세히 들어 보려고
하였다. 그리고 나는 이 모든 것들을 연구참여자의 일상과 연관하여 알아보
려고 하였다. 이를 위해 연구참여자들이 사용한 상징과 이야기들의 내용이
그들의 가족관계와 친구관계, 그리고 유아교사의 일상적인 삶과 어떤 연관
이 있는지 파악 하였다. 마지막으로 나는 연구참여자들이 자성적 글쓰기가
활용된 모래놀이 상담을 통해 일상과 교육적인 삶에서 어떤 변화를 경험하

표 7 심층면담 가이드

심층면담 가이드 내용(3명의 면담 가이드 중 발췌)
• 선생님이 사용하신 여러 상징물들과 피겨는 무엇을 의미하나요?
• (3회기 모래놀이 중) 놀이동산에 혼자 서 있는 아이는 무슨 뜻인가요?
• 왜 갑자기 눈물을 흘리셨나요?
• 두 명의 근육질의 남자는 누구를 뜻하는 피겨입니까?
• (5회기 모래놀이 중) 말괄량이 삐삐와 엄마는 무슨 관계인가요?
• 장례식을 진행하다가 왜 갑자기 그를 살려주었나요?
• (7회기 모래놀이 중) 제야의 종 주위에 경계 병력을 배치한 이유가 있나요?
• (8회기 모래놀이 중) 악당선발대회가 벌어지고, 사슴이 악당으로 뽑혔는데, 기분이 어땠나요?
• 계속해서 엄마에 대한 이야기가 나오는데, 엄마는 선생님께 어떤 사람이었나요?
• 팬더는 왜 경계선에 위치하고 있습니까?
• 팬더는 왜 모든 존재를 구원하고도 행복하게 살지 못하나요?
• 팬더는 결국 천국에 정착하는데, 이건 현실을 회피한 건가요?
• 이야기의 모든 부분에서 음식과 보살핌이 등장하네요. 무슨 의미인가요?
• (3회기 모래놀이 중) 공주와 왕자가 음식을 주고 있는데, 혹시 이 사람들은 부모님입니까?
• (8회기 모래놀이 중) 북카페에 간 재희 이야기는 혹시 어린 시절 이야기를 상상한 것입니까?
• 무엇을 기대하면서 모래놀이를 하였습니까?
• 어린 시절 어머니의 마음이 이해되나요?

는지를 살펴보았다.

세 번째, 생애사 면담을 위하여 Life history 방법을 사용하였다. 본 연구에서는 심층면담과 더불어 생애사 면담 방법을 활용하여 연구참여자가 수행한 모래놀이의 상징들과 그들이 작성한 이야기, 그리고 심층면담에서 수집한 자료의 의미들을 그들의 삶의 맥락에서 총체적으로 이해하고 내적 경험의 변화를 의식화하려고 하였다. 생애사 면담은 심층면담의 한 형식으로서 삶의 흐름과 단계에 따라 한 개인의 인생 전체를 바라보는 방법으로서 개인의 삶을 깊이 있게 연구하는 질적연구방법이다. 인간은 끊임없이 특정한 상황에서 타인과 대화하며 이야기를 만들어 내는 존재라는 측면에서 볼때 생애사 면담은 인간의 의식과 감정, 그리고 발달과 문화를 이해할 수 있는 가장 자연스러운 방법 중 하나라는 사실을 인지하게 해 준다(김영천, 2006: 265). 이러한 생애사 면담은 삶의 주체인 개인이 자신의 시각으로 재구성하는 자기 삶의 이야기로서 개인이 일상생활과 사회적 관계에서 자신의 삶에 의미를 부여하고 각각의 경험과 사건들을 조직하며 자신의 삶을 만들어 가는 과정들을 알려 준다. 생애사 면담 역시 가이드를 작성하여 체계적이면서도 그들의 삶을 깊이 들여다볼 수 있도록 계획하였다.

면담 가이드에서 알 수 있듯이, 특히 생애사 면담은 구술되는 현 시점에서 과거의 삶과 생애를 바라보며 이야기한다는 점에서 연구참여자들이 모래놀이 상담을 실행한 후 자신의 과거의 이야기들을 어떻게 재구성하고 새로운 의미를 부여하게 되는지를 효과적으로 탐색하는 데 유용한 연구방법이다. 연구참여자는 프로그램을 수행하고서 변화된 자신에서 출발하여 지나온 삶을 반성적으로 되새겨 볼 것이며 경험을 재구성하고 의미를 새롭게 부여할 것이고 나아가 미래를 새롭게 전망하게 될 것이다. 이러한 생애사 면담의 방법을 통해 자성적 글쓰기가 활용된 모래놀이 상담이 연구참여자의 삶과 경험의 재구성에 어떠한 영향을 미치는지, 그리고 미래의 삶의 계획에 어떤 영향을 주는지에 관해 그들의 삶의 입장에서 그들의 언어와 세계관으로 이해하는 데 중요한 역할을 해 주었다. 이를 위해 연구참여자들에게 직접 생의 과정을 일직선으로 가정하고, 지나간 생을 되돌아보며, 기억에 떠오르는 사건을 중심으로 스토리를 전개해 나가도록 요청하게 되었다. 특히 연구참여자에게 어린 시절의 기억과 사건에서부터 이야기를 전개하도록 하였는데 해당 연령에서 떠오르는 기억과 관련된 단어, 문장, 형용사, 동사 등을 글로 쓰게 한 후 그때 일어났던 사건의 내용을 아주 자세하게 서술하도록 하였다. 그리고 그때의 사건과 연관된 느낌, 감정, 그때의 심정 등에 대해 좀 더 심층적인 질문을 하여 연구참여자가 그 당시의 사건을 회상하는 데 도움을 주었다.

네 번째, 문서분석의 방법을 활용하였다. 나의 연구에서는 자성적 글쓰기가 활용된 모래놀이 상담을 통해 연구참여자들이 어떠한 경험을 하는지 이해하기 위한 또 다른 질적연구방법으로서 문서분석 방법을 사용하였다. 문서분석은 연구참여자가 작성한 일기나 그림 및 여러 기록물 등의 문서 자료

표 8 생애사 면담 가이드

생애사 면담 가이드 내용(3명의 면담 가이드 중 발췌)
• 초등학교 입학 전까지의 삶에 대해 말씀해 주세요. • 어린 시절에 가장 기억에 남는 것은 무엇입니까? • 가장 충격적이거나 의미가 있었던 사건을 적어 주세요. • 학창시절에 가장 중요한 사람은 누구입니까? • 가족의 삶에 대해 말해 주세요. • 친구관계에 대해 말해 주세요. • 꿈은 무엇이었으며, 꿈을 찾아가는 과정은 어떠하였나요? • 대학교에 어떻게 진학하게 되었는지 말해 주세요. • 유아교사를 선택하게 된 이유는 무엇입니까? • 가장 최근에 고민이 되거나 문제가 있는 것은 무엇입니까? • 현재 근무하는 유치원에서 교사로서의 삶에 대해 말해 주세요. • 앞으로 어떻게 살고 싶습니까?

를 모두 수집하고 이를 분석하여 연구참여자의 내적인 경험과 의미를 이해하는 질적연구방법을 말한다(김영천, 2006). 더불어 이러한 문서들은 연구 과정에서 연구참여자의 경험을 이해하는 데 두 가지 측면에서 유용하게 활용될 수 있다. 우선 이러한 문서를 활용하여 이후에 진행될 심층면담에서 그들의 교육적 경험을 심층적으로 이해하는 데 적절한 면담 가이드를 작성할 수 있다. 그리고 이러한 자료들은 연구참여자가 겪은 과거의 경험을 풍부하게 재연하도록 도움을 줄 수 있다. 구체적으로 다음과 같은 문서들을 수집하였다.

가장 먼저 집단 모래놀이와 개별 모래놀이에서 연구참여자들이 작성한 자성적 글쓰기 자료를 수집하였다. 연구참여자는 매 회기마다 2회 자성적 글쓰기를 하였고, 매 회기가 끝날 때와 집단 모래놀이 상담이 종료된 시점, 그리고 심층면담이 종료된 시점에 개인 저널쓰기 형태로 자성적 글쓰기가 실시되었으며, 모래놀이 상담의 전 과정에서 이러한 문서를 수집하였다. 이에 따라 연구참여자마다 총 35개의 자성적 글쓰기 자료가 수집되었다. 또한 연구자는 모래놀이 상담에 참여하는 과정에서 연구참여자들이 겪는 내적인 경험과 일상에서의 변화를 집단 모래놀이 상담 8회기, 그리고 심층면담 3회기까지 모두 마친 후 자신의 심정을 자세하게 기록으로 진술하게 하였다. 이에 따라 연구참여자마다 3회의 소감문 자료가 수집되었다.

제4장

여행지 둘러보기 :
세 유아교사 이야기

눈에 새로운 풍경을 담는다.

열심히 사진을 찍고

지나가는 여행객과 생각을 나누고

재미있는 전설을 듣기도 하고

수많은 발자취를 따라 걷는다.

이곳에 푹 빠져 여기저기 다니다 보면

어느새 변화된 자기를 발견하게 된다.

연구 사례 1

자운영 교사:
엄마, 그리고 홀로서기

자운영 교사는 유아교사를 시작한 지 5년이 조금 넘어가고 있는 교사이다. 자운영 교사는 유아기 시절의 가족사진을 자주 꺼내 보며 상상하기를 좋아하였다. 특히 놀이동산에 가서 함께 찍은 가족사진과 아빠에게 안겨 찍은 자신의 사진들을 보며 회상하기를 좋아하였다. 3~4살 때쯤이라 기억은 잘 나지 않지만 이런 가족사진을 보면 정말 화목한 가정이었다. 그러나 자운영 교사는 얼마 후부터 가정불화로 외로운 시간을 보내야 하였다. 엄마와 아빠는 집에서 서로 자주 다투었고 엄마는 답답한 마음에 밖으로 자주 나가셨다. 외동딸인 자운영 교사에게는 학교에 갔다 집에 돌아오면 아무도 반겨 주는 사람이 없었다. 그래서 자운영 교사는 마냥 행복하게 사는 것 같은 친구들이 부러웠고 자신의 신세가 한탄스러워 마음에 응어리가 생겼다. 이때 자운영 교사가 의지할 수 있었던 사람은 속셈학원 원장님이었다. 현관문 열쇠를 목에 걸고 다녔던 자운영 교사는 학교에서 돌아오면 아무도 없는 집에 들어가기가 싫어서 속셈학원으로 갔고 원장님은 늘 엄마같이 따뜻하게 살펴주셨다.

결국 자운영 교사가 중학교 3학년 학생이 되었을 때 엄마와 아빠는 결별하시고 엄마와 둘이서 살게 되었다. 이제 엄마만 의지하며 살아야 하였고 불쌍한 엄마에게 용기를 주려고 늘 씩씩하게 살려고 하였다. 그런 자운영 교사는 엄마마저 자기를 떠날까 두렵기도 하였으며, 엄마에게는 늘 착한 딸이어야 했다. 엄마는 '네가 하고 싶은 거 다 해'라며 자운영 교사를 자유롭게 정성스레 키웠지만, 자운영 교사는 엄마를 행복하게 해 주고 싶고 엄마의 기대에 부응하고 싶어 스스로 엄마에게 갇히게 되었다. 친구들에게도 자신의 허전하고 나약한 마음을 보이고 싶지 않았고 자운영 교사 자신도 그러한 모습이 너무 싫어서 항상 더 밝게 웃어야 했고 더 신나게 장난치곤 하였다. 말하자면 스스로 만든 가면을 쓰고 산 것이다. 그러나 엄마가 전부였던 자운영 교사는 늘 새로운 상황이 두려워 엄마에게 사소한 일들까지 의존하게 되었다. 심지어는 외출 중인 엄마에게 전화해서 음식집에 음식을 주문해 달라고 하는 어른 아이였다. 자운영 교사는 누가 보아도 늘 밝고 긍정적인 사람이었지만 항상 그럴 수는 없었고 불쑥 우울한 감정이 올라오면 그 기분을 빨리 전환시켜야 했다. 20살이 넘은 어른이지만 자신 안에는 초라하고, 두려움에 몹시 떨고 있는 불쌍한 꼬마아이가 있었다.

대학에서 유아교육을 전공하고 유아교사로 재직하던 중 유치원 원장님으로부터 모래놀이를 연구하는 사람이 연구에 참여할 유치원 교사를 찾는다는 이야기를 들었고 평소에 모래놀이에 관심이 있던 터라 쾌히 지원을 하였다. 자운영 교사는 유치원의 하루 일과가 끝나고 나면 피곤한 몸을 이끌고 모래놀이 상담 센터에 가서 저녁 6시부터 9시까지 여러 유치원에서 모인 교사들과 함께 연구에 참여하기 시작하였다. 마음에는 직면하기 싫은 미움과 응어리가 가득한데 겉으로는 밝고 행복해 보이는 가면을 쓰고 살던 자운영 교사가 이제 성숙한 자기를 찾아가려고 한다.

자운영의 첫 번째 이야기: 행복한 가정의 따뜻한 저녁

━   나는 모래놀이를 처음 해 본다. 모래를 만져 보니 모래가 많이 부드럽다고 느꼈지만 차갑다는 느낌도 받았다. 바닷가의 모래와는 많이 달랐고 아주 곱고 부드러워서 손톱에 모래가 껴 들어 갔다. 모래가 손톱에 끼는 느낌이 좋지 않았다. 그래서인지 나는 모래에 손가락이 닿지 않게 하려고 손바닥으로 모래를 평평하게 펼치거나 비벼 보기만 하였다.

연구자 선생님이 이제 피겨를 가져와서 모래상자에 놓으라고 하셨다. 상담센터의 방에는 양쪽 벽 선반에 여러 가지 모형들이 가지각색으로 다양하게 놓여 있었다. 나는 그 많은 것들 중에서 부부 침실이 가장 눈에 들어왔고 그것을 손에 잡았다. 부부 침실 피겨는 매우 포근해 보였고 평화로워 보였던 것 같다.

그 다음에는 부부 침실을 둘러싼 행복한 방을 꾸몄다. 흔들침대에 고이 잠든 갓난아기도 있었다. 마지막으로 모래놀이 상자에 놓은 피겨는 가족의 차(car)였다. 나는 모래상자를 동화의 세상처럼 꾸미기보다는 행복한 가정의 분위기를 그대로 나타내고 싶었다. 그래서 냉장고, 침대, 화분 그리고 강아지와 강아지집이 있다. 부엌을 그대로 나타내기 위해 정수기도 놓았다. 이처럼 나는 실제 행복한 가정집과 매우 비슷한 물건들을 놓았다. 나는 행복한 가정을 상상하며 이야기를 만들었다.

엄마는 집에서 아기랑 같이 하루를 보내고 있다. 아기는 태어난 지 한 달도 안 된 갓난아기였다. 아기는 흔들침대에 포근하게 누워 있다. 엄마는 곁에서 뜨개질을 하며 아기에게 미소를 지었다. 일을 마치고 돌아온 남편과 집에서 아기를 보던 엄마와 온 가족이 모여 저녁 식사를 하고 부부는 간단히 맥주 한 잔을 하고 있다. 이 가족은 매우 행복한 시간을 보내고 있다.

—

　나는 이 모래놀이 상자를 만들고서 '행복한 가정의 저녁'이라는 제목을 붙여 이야기를 글로 썼다. 나와 같이 연구에 참여하는 한 선생님은 나의 모래상자를 보고서 '참 행복한 가정처럼 보여요.'라고 말해 주었고, 나는 나의 마음이 따뜻해짐을 느꼈다. 연구자 선생님은 이번에는 첫 번째 이야기의 내용을 변형시켜 가며 모래놀이를 해 보라고 하였다. 나는 처음의 모래놀이 상자가 마음에 들어서 여기에 남편이 집에 들어와 행복하게 시간을 보내는 이야기를 더하고 싶었다.

저녁을 먹고 난 부부는 함께 저녁 먹은 것을 치우고 하루 일과 동안의 이야기를 나누고 집 앞 산책도 다녀오며 오붓한 시간을 보냈어요. 남편은 아기를 목마에 태워 주기도 하였어요. 남편은 일하고 와서 피곤하기는 하였지만 이렇게 보내는 시간이 즐거웠어요. 아내는 피곤한 남편을 위해 목욕물을 데우고, 남편이 씻을 동안 아기를 재웠어요. 부부도 피곤한 하루를 마무리하고 행복한 내일을 위해 잠이 들었답니다.

—

이렇게 모래놀이의 첫 번째 시간이 끝났다. 왜 그런지는 모르겠지만 이것을 하면서 나의 마음이 편안해졌다. 그러고서 생각해 보니 내가 모래놀이를 하면서 무언가 대리만족을 하고 있다는 생각이 들었다. 오늘 처음 시작된 모래놀이 이야기처럼 내가 행복한 가정을 바라고 있는 것 같았고 지금 내가 제일 소중하게 생각하고 있는 것이 무엇인지 생각해 보는 기회가 된 것 같았다.

자운영의 두 번째 이야기: 즐거운 여름휴가

— 　2회기 모래놀이 상담에 참여하고 있지만 아직도 뭐가 뭔지 잘 모르겠다. 다만 이 시간이 매우 즐겁고 편안하기는 하다. 오늘은 처음에 '모래를 만지면서 숲속을 꾸며야지' 하는 생각을 하였다. 그런데 모래를 계속 만지다 보니까 바다가 생각났다. 요즘 유치원에 일이 많았고 쉬고 싶다는 생각이 들어 친구들과 바다로 휴가를 떠나고 싶었고 언젠가 바다에 가서 모래를 만지던 생각이 났다. 그래서 이번에는 바다를 꾸며 봐야겠다는 생각을 하게 되었다. 나는 피겨가 있는 방에서 바로 바다와 관련된 것들을 찾았다. 제일 처음 눈에 들어온 물건은 화장실이었다. 바다에 가면 공동화장실이나 공동샤워장이 있다는 생각이 제일 먼저 떠올라 제일 처음에 화장실을 놓게 되었다.

　이렇게 만들어진 나의 모래놀이 상자는 바다와 해변에서 놀고 있는 사람들이었다. 나는 이 모래놀이 상자의 제목을 '즐거운 여름휴가'라고 정하였다. 여기에 지예라는 친구가 등장하는데 나의 모습이라는 생각이 들었다. 나는 내가 만든 모래놀이 상자를 보고서 이야기를 만들었다.

지예는 여름휴가를 맞아 친구들과 함께 바다로 여행을 떠났어요. 막 도착한 바닷
가에서는 수많은 사람들이 휴가를 즐기고 있었어요. 함께 모여 물놀이하는 사람
들, 연인과 함께 온 사람들, 홀로 산책을 나온 사람들까지 그곳에선 아주 많은 사
람들이 각자의 휴가를 즐기고 있었어요.

　이 모래놀이 상자에서는 모래찜질하고 있는 사람이 바로 나다. 나는 여유
롭게 누워 휴식하고 있다. 악기를 옆에 놓고서 양 옆에 한 명씩 친구를 두었
다. 뒤에는 동네 사람들이 있는데, 이들은 모두 젊은 사람들이거나 나와 비
슷한 또래들이다. 화장실을 제일 먼저 놓은 이유는 아무래도 바닷가에 가서
제일 중요한 것은 화장실을 가거나 씻는다거나 그런 생리적인 것을 해소할
수 있는 게 가까이 있어야 한다고 생각하였기 때문이다. 여기에는 남자도 여
자도 있고, 연인들도 있다. 여자는 쉬고 있고, 남자는 물놀이하고 있다. 남
자는 여자 친구를 즐겁게 해 주려고 기타를 가져왔다. 나는 이야기를 꾸며
글쓰기를 한 후 모래놀이를 진행했다.

이제 지예와 친구들은 모래찜질을 하고 난 뒤 본격적인 물놀이를 시작하였어요. 신나게 놀고 있던 그 때 저 멀리서 한 남자의 노랫소리가 들려왔어요. 자신의 여자 친구를 위해 노래를 부르고 있던 남자였어요. 사람들은 웅성웅성 그 주변으로 몰려들어 구경을 하였어요. 남자의 노래가 끝난 뒤 사람들은 박수 치며 환호하고 그 여자를 부러워하였지만, 지예와 친구들은 저 남자보다 더 멋진 남자 친구를 만들어 내년에 다시 여름휴가를 오기로 하였답니다.

—

여기서 남자 친구는 여자 친구를 사랑스럽게 바라보고 있다. 모두 물속에서 즐겁게 수영을 한다. 그리고 샤워장에서는 누군가가 시원하게 몸을 씻고 있다. 그러다 보니 일종의 정화의식같이 시원함이 느껴졌다. 오늘도 이렇게 아무 생각 없이 모래놀이를 하였지만 연구자 선생님으로부터 내가 모래놀이 상자에 표현하는 모든 것이 다 의미를 지니고 있고 내가 느끼지 못한 무의식이 움직이는 것이라는 말씀을 들으니 다음엔 또 어떤 것이 표출될까 기대된다. 이 작업을 통해 나는 더욱 성숙해진 나를 만나고 싶다.

자운영의 세 번째 이야기: 놀이터에서 혼자 노는 아이

━　　오늘도 모래놀이를 시작하기 전에 모래상자에 있는 모래를 손으로 만져 보았다. 이상하게 모래가 더 차갑게 느껴졌다. 모래놀이 상자를 꾸미려고 피겨가 있는 곳으로 가서 피겨들을 살펴보던 중 나도 모르게 회전목마를 손에 잡았다. 나는 놀이동산을 꾸미고 있었다. 나는 흥이 많고 놀기를 좋아하고 놀이동산에 가서 놀이기구 타며 스릴을 즐기는 것을 무척 좋아한다. 그래서 나는 놀이동산을 꾸며야겠다고 생각하였다. 그런데 모래상자를 꾸미고 이야기를 만들다 보니 문득 쓸쓸한 느낌이 들었다. 분명히 즐거운 마음으로 놀이동산을 꾸미려고 하였는데 즐겁지가 않았다. 오늘 나의 이야기는 이러하였다.

개장 전 놀이동산의 모습은 어떨까요? 손님맞이를 위해 분주한 모습들이네요. 공주의 성도, 요정이 사는 마을도, 귀신의 집에서 손님을 놀라게 해 주기 위한 직원들도, 놀이동산 투어를 할 수 있는 마차를 끄는 말들은 어서 사람을 태우고 싶어 몸이 근질근질한가 봐요. 자 이제 놀이동산 문이 열립니다. 어서 놀러오세요.

—

그런데 이야기를 꾸미고 나서 가만 살펴보니 모래상자에 전개된 놀이동산은 신나게 놀고 있는 모습이 아니었고 아직 개장 전이라 사람도 없었다. 내가 만든 모래놀이 상자에는 제일 중앙에 회전목마가 있었고, 그 둘레에 마차를 끄는 두 마리의 말이 있다. 그러나 나는 놀이동산에 어떤 사람도 놓고 싶지 않았다. 이 놀이동산에는 아무도 들어오지 않았다. 나는 놀이동산에 손님이 오지 않았으면 좋겠다고 무의식적으로 생각하고 있는 것 같았다. 처음에는 손님을 좀 놓아 줄까 하다가 왠지 이 안에 사람을 넣고 싶지 않은 그런 마음이 있었다. 그리고 회전목마를 돌고 있는 두 마리의 말이 끄는 마차는 어디로 가야 할지 모르는 것 같았다. 그래서 나는 회전목마 주위로 마차가 가는 길을 동그랗게 그려 주었다. 연구자 선생님은 심리적인 안정을 표현할 때 원을 그린다고 말씀하셨다.

그 말을 듣고 모래놀이 상자를 자세히 다시 봤다. 이곳에 유일하게 살아 있는 것은 두 마리의 말밖에 없었다. 이 놀이동산에는 손님이 없을 뿐만 아니라 놀이동산 개장을 준비하는 직원들도 없었다. 사람들을 놀래어 주는 귀신의 집에 있는 사람들만 표현하였고 그 외에는 살아 있는 게 아니었다. 왜냐하면 아까도 얘기하였지만, 사실 나는 여기에 사람이 하나도 없었으면 좋겠다고 생각하였기 때문이다.

나는 곧 이 이야기의 후편을 만들었다. 나는 피겨가 있는 방에 가서 꼬마 여자 아이 피겨를 손에 잡았다. 그걸 가져와 회전목마의 왼쪽 편에 놓았다. 그것 외에는 모래놀이 상자의 내용이 바뀌지 않았다. 나는 놀이동산이 개장

하고 사람들이 모두 다녀간 놀이동산을 상상하고 있었다. 그래서 마찬가지로 여자 꼬마 아이 외에는 다른 사람이 아무도 없었다. 나는 내가 만든 모래놀이 상자에 홀로 있는 여자 아이를 보고서 무슨 이유인지 기분이 슬퍼 울컥하였고 속상함에 눈물이 나왔다. 나의 이야기는 이러하였다.

놀이동산 문이 열리고 많은 손님이 오고 갔습니다. 놀이동산이 문 닫을 시간이 되고 하나 둘 손님은 빠져나갔는데, 아무도 남아 있지 않은 놀이동산에 한 여자 아이만 덩그러니 남아 있어요. 그 여자 아이는 혼자 남아 아무도 없는 놀이동산을 돌아봐요. 집에 가야 하지만 더 놀다 갈 거예요. 놀이동산에는 아무도 남아 있지 않았어요. 파장을 한 것이에요. 이 아이도 놀이동산에서 하루 종일 놀았어요. 그런데 놀이동산이 끝났지만 아이는 갈 곳이 없었어요. 아이는 혼자 남아서 아무도 없는 놀이동산을 돌아보고 있어요. 아이는 집에 가야 하지만 가고 싶지 않았어요. 여기서 더 놀다가 가려고 해요. 아이는 자기도 모르게 눈물이 흘러내렸어요. 놀이가 재미없었거든요.

나는 처음에는 회전목마를 보고서 즐겁고 행복한 놀이동산을 꾸미고 싶었다. 그런데 이상하게 사람이 많을 법한 놀이동산인데도 사람을 넣어 주고 싶지 않았다. 외롭기도 하고 안쓰러운 마음이 들었다. 나는 기분이 너무 좋지 않았다. 연구자 선생님은 놀이동산에 있는 그 아이의 마음이 어떠냐고 물으셨다. 난 그 아이의 감정이 어떨까 생각해 보던 중에 나도 모르게 속상함에 갑자기 울컥 눈물이 나왔다.

왜일까? 뭔가 쓸쓸하였다. 그런데도 홀로 있는 놀이동산을 나가고 싶지는 않았다. 나가야 된다는 것은 알고 있는데 나가고 싶지 않았다. 여기 화려한 공간에 더 머물러 있고 싶었다. 왜 그런지 정확한 이유는 모르겠지만 설명하는 중간에도 마음이 쓸쓸하고 눈물이 나왔다. 이 원인을 찾아 해결하고 싶다. 한편으로는 나를 위로해 주고 싶었다. 하지만 혼란스러우면서도 마음 한 구석에는 시원해지는 느낌이 들었다.

아마 난 행복했던 어린 시절을 많이 그리워하고 있는 것 같다. 기억은 나지 않지만 가족사진을 보면 내가 3~4살 때는 우리 가족이 화목하였다. 난 놀이동산에 가서 가족이 함께 찍은 사진과 아빠에게 안겨 찍은 사진을 자주 꺼내 보면서 회상하고 상상해 보기를 좋아하였다. 오늘 이렇게 모래상자에 놀이동산을 꾸며 보니 그 사진 속의 어린 시절이 그리웠던 것 같다. 내가 지금은 그러지 못한 상황이라 그만큼 쓸쓸하고 상실감을 느끼는 것은 아닐까 하고 생각해 본다.

자운영의 네 번째 이야기: 정글의 법칙

━   모래놀이의 회기가 하나하나 더해 갈수록 나는 조금씩 내면의 나의 모습을 알아차리는 것 같다. 그러나 나는 그 모습을 인정하고 받아들이고 싶지 않았다. 왜냐하면 내 힘으로는 아무것도 하지 못하였던 불쌍한 어린 '나'가 느껴졌기 때문이다. 그래도 모래놀이 4회기를 하러 지난번처럼 센터에 왔다. 주위 사람들은 내가 명랑하고 밝은 선생님이라고 생각하였다. 그런데 오늘은 평소와 달리 차분해졌다. 난 피겨가 있는 방으로 갔다. 제일 먼저 나는 정글 숲을 만들기 위한 숲의 모형을 손에 잡았다. 그 다음에 아무도 가지 않았던 밀림을 꾸미기 위해 무서운 뱀들과 악어들을 놓았다. 그리고 마지막에는 근육질의 강한 남자를 두 명 놓았다. 그들은 가장 현대적인 멋진 오토바이를 타고 있다. 나의 이야기는 이러하였다.

존과 스미스는 도전 정신이 강한 남자들이에요. 둘은 아무도 살지 않는 아마존 밀림으로 탐험을 떠나게 되었어요. 둘은 아마존에 도착하여 아주 튼튼하고 빠른 오토바이 중 최고 오토바이를 타고 모험을 떠났어요. 밀림, 생각하였던 것보다 너무 조용하고 안전하여 존과 스미스는 실망하고 시시하기까지 하였어요.

모래상자의 왼쪽 아래 돌 밑에는 악어들이 숨어서 살고 있고 위에는 뱀이 살고 있어요. 도마뱀은 존과 스미스를 쫓아 그들의 발을 물려고 하다가 스쳐지나갔어요. 자기들이 살고 있는 정글에 존과 스미스가 와서 무척 화가 나 공격을 한 것이죠. 그러나 존과 스미스는 오토바이를 타고 빨리 달아났어요.

존과 스미스는 격투기를 한 근육질의 강한 남자들이에요. 실제로 힘이 굉장히 세요. 그들은 도전해서 이기는 것을 좋아해요. 둘이 되게 친해요. 그래서 "어디 모험을 떠나 보자 여행을 떠나 보자" 얘기를 하다가 "그냥 뭐 우리 밀림을 가 보자" 그렇게 얘기를 꺼냈어요. 더 튼튼한 사람이 "그래 가 보자. 나도 뭐 가 보고 싶었어." 이러고. "그래서 거길 가서 우리가 한번 거기 있는 걸 다 이기고 와 보자." 그런 거죠. 이기고 오자. 정복해 보자. 그들은 정글에서 동물을 죽이고 모두 정복하거나 새로운 자기만의 세상을 만들기보다는 정글에서 위험한 동물을 만나고서도 무사하게 돌아오는 것을 보여 주고 싶었어요. 그렇기 때문에 아무도 없는, 문명이 발달하지 않은, 원시적인 곳으로 온 거예요. 최신식, 진짜 좋은 오토바이를 타고. 그러나 누구에게 이것을 보여 주고 싶은 건 아니었어요. 그냥 자기들 스스로에게 자기들이 강하다는 것을 확신시키고 싶었지요. 존과 스미스는 너무 신이 났어요. 가고 싶었던 곳에 와서 기분이 좋고, 왔는데 시시하긴 하지만 일단은 좋았어요.

━

연구자 선생님은 나의 모래놀이를 보고서 이런 말씀을 해 주셨다. "보통은 모래상자에 만들어 놓는 상징물들을 활용해서 자신의 무의식을 은유적으로 표현해요. 동화 같은 이야기를 만들거나 신화를 만들어요. 그러한 상징들은 자신의 무의식과 연관되어 있어요. 하지만 그것이 무엇을 의미하는지 바로 알기는 쉽지가 않아요. 그렇게 무의식이 모래놀이 상자에 흘러나온 것을 보고 자기 자신을 이해하게 되는 거예요. 아마도 이 모래놀이 작업이 네 번 정도 진행되면서 무의식이 건드려지고 있는 거 같아요.”

　나는 연구자 선생님의 이런 말씀을 듣고서 모래놀이를 하다 보면 자기의 이야기가 다 나온다는 말이 조금 이해되었다. 나의 무의식에는 원시적 동물이 먹이를 집어삼키듯이 포악한 욕구들이 꿈틀거리면서 움직이는 것 같았다. 나는 조금씩 내 안에 깊이 있었던, 그래서 아주 오래되었고 어둠 속에 가둬 두었던 감정들이 되살아나고 있는 것 같았다. 아마도 꾹꾹 묻어 두려고 하였었던 일들일 것이다. 아마도 그것은 항상 밝고 명랑한 나의 얼굴 표정 뒤에 숨겨 둔 나의 모습일 것이다. 그것은 악어와 같이 언제 나를 삼키려고 다가올지 모른다. 내가 그 악어 같은 감정들을 이길 수 있을까? 또 좌절하지 않을까? 이런 생각을 하면서 이어서 두 번째 모래놀이 상자를 꾸미고 바꿔진 이야기를 전개해 보았다.

한참을 두리번거리며 정글을 탐험하던 존과 스미스는 놀라 뒤로 자빠졌어요. 어느새 둘 앞에 정글의 무시무시한 사냥꾼들이 나타났기 때문이죠. 존은 깜짝 놀라고 두려운 나머지 엄마를 불렀어요. 스미스는 놀라기는 하였지만 존과 다르게 이 위기상황을 어떻게 해결해야 할지 생각하였어요. 싸움을 할지, 가지고 온 식량으로 유인을 할지, 존은 식량을 포식자 사냥꾼에게 던져 주의를 돌린 뒤 집으로 가는 배에 황급히 올라타 떠났답니다. 존과 스미스도 정글의 법칙 앞에서는 어쩔 수 없었습니다.

—

　이야기가 처음과 많이 달라졌다. 처음에는 존과 스미스가 이 동물들을 내려다보는 느낌이었는데, 지금은 상황이 역전돼서 동물들이 존과 스미스를 내려다보는 것 같았다. 참 재밌게도 존과 스미스의 표정은 그대로인데, 오토바이를 타고 내려올 때의 굉장히 도전적이고 강한 느낌은 사라졌다. 존과 스미스는 자빠져서 발버둥을 치면서 살려 달라고 소리 지르고 있다.

　나는 이런 존과 스미스가 하나도 불쌍하지 않았다. 오히려 "꼴 보기 좋다, 쌤통이다"라는 느낌이 들었다. 근육질로 단단히 부풀어 오른 존과 스미스의 체격은 사실은 과장되고 허위에 가까운 것이었다는 생각이 들었다. 존은 뒤에 도마뱀이 다가오자 깜짝 놀라서 두려운 나머지 엄마를 불렀다. '엄마~' 어린아이가 엄마를 부르는 것과 같다. 사실 몸은 이렇게 크고 위협적이지만 몸만 큰 것이었지 실제로는 어린아이 같았다.

　오늘 네 번째 모래놀이를 하고 나니 이제 내가 숨겨진 나의 반쪽 모습에 더욱 다가가는 것 같았다. 지난 3회기 때 놀이공원에 혼자 쓸쓸히 있는 여자 아이를 보고 울컥하였던 마음이 내면 속의 외로움으로 느껴졌었다. 나는 내가 활달하고 힘차고 긍정적인 사람이라고만 생각하였었는데 그것은 위장된 한 부분일 뿐이었다. 오늘 4회기 모래놀이를 하고 보니 그동안 내가 내 안의 약하고 외로워하는 모습들을 애써 피하려고 하였던 것 같다. 사실, 어릴 적 부모님의 불화로 "나는 왜 평범하지 못하나" 하는 마음을 많이 가졌었는데, 그런 자신 없는 부분을 밝은 부분으로 가리려 하지 않았나 하는 생각도 들었다. 그동안 나는 '잘 자라 왔네', '긍정적이다', '밝다'는 나의 이미지에 만족하며 불행하였던 어린 시절에도 잘 컸다고 위로받고 싶었던 것 같기도 하면서 오늘은 여러 가지 생각으로 복잡하였다. 그런데 존과 스미스는 매우 놀라기는 하였지만 이 상황을 어떻게 해결해 가야 할지 침착하게 생각하고 있었다.

자운영의 다섯 번째 이야기: 기찻길 옆 놀이터

━　　내가 억지로 잊으려 하였고, 숨기려 하였던 나의 모습이 무엇일까. 그동안 나를 항상 괴롭혔던 어린 시절의 장면들이 점점 뚜렷해져 갔다. 오늘은 피겨가 있는 방에서 기찻길을 손에 잡았다. 기찻길은 타원형이라 기차가 계속 돌기만 할 수 있다. 그리고 그 옆에 삐삐를 놓았다. 말괄량이 삐삐는 아무도 없는 곳에서 자유롭게 뛰어노는 자유로운 아이였다. 오늘 내가 지은 이야기는 기찻길 옆 놀이터였다.

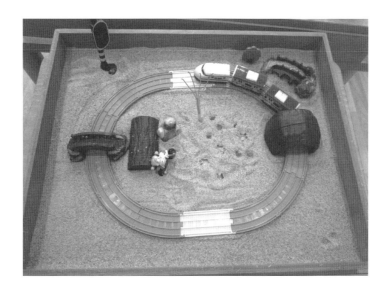

삐삐는 말괄량이에요. 천방지축 어디로 튈지 모르죠. 삐삐네 동네에는 조그마한 기차역이 있어요. 지금은 운행하지 않지만 가끔 동네 꼬마들을 태우고 동네 한 바퀴를 돌기도 하죠. 삐삐는 기찻길 옆 공터를 좋아해요. 마음껏 노래할 수 있거

든요. 하지만 엄마는 삐삐가 다치거나 위험할까 봐 그곳에 가는 것을 좋아하지
않아요. 그래도 삐삐는 놀러 나가요. 오늘은 친구 오정이도 불렀어요. 오정이도
신이 나 삐삐가 있는 곳으로 놀러오네요. 삐삐야 놀자, 오정아 놀자.

—

모래상자에는 다리가 있고 그 위에 사오정이 있다. 사오정은 아래쪽으로
건너오고 있는 중이었다. 무척 심심하였던 삐삐는 사오정이 재미있는 친구
로 여겨졌다. 이곳은 아무도 오지 않는 곳이고 기차도 오래 운행하지 않았
다. 그러나 삐삐는 이곳을 놀이터라고 생각하였다. 여기에는 삐삐 말고는
아무도 없는 곳이었다. 그래서 엄마는 이곳에 가지 말라 하셨지만 삐삐는 엄
마의 말을 거부하고 이곳에 왔다. 왜냐하면 삐삐는 이 공터가 너무나 좋기
때문이다. 물론 이곳은 집에서 아주 먼 곳에 있다. 그래서 삐삐는 오토바이
를 타고 여기 먼 곳에 놀러온 것이다. 삐삐는 여기에는 엄마도 없고 아무도
없어서 뭐든지 내 마음대로 할 수 있기 때문에 여기 오는 것을 좋아했다.

이곳 기차는 사람들이 안 와서 운행하지 않은 지 오래되었다. 하지만 못
쓸 정도로 오래되지 않아서 아직은 쓸 만한 기차이다. 이 기차는 삐삐와 오
정이가 놀러올 때 한 번씩 태워 주는 용도로 사용되기도 한다. 기차는 타원
형 기찻길을 뱅글뱅글 돌기만 하였다. 평소에 엄마는 여기에 가지 말라 하셨
다. 그러나 여기는 그렇게 위험한 곳이 아니었다. 그래서 엄마는 되도록 삐
삐가 여기에 안 갔으면 좋겠지만, 그래도 삐삐가 가겠다면 가라고는 허락하
셨다. 엄마는 삐삐를 못 가게 뜯어말리거나 여기에 와서 집으로 데려가거나
하지는 않았다.

연구자 선생님은 나의 이야기를 듣고서 기차가 타원형의 기찻길에서 뱅뱅
돌고 있는 것과 집에서 멀리 나온 말괄량이 삐삐에 대해 생각해 보라고 하셨
다. "기차는 어디로든 갈 수 있을 것 같은데, 쳇바퀴가 돌듯이 뱅글뱅글 돌
수밖에 없네요. 레일을 계속 반복해서 돈다는 것은 조금 덜 자유로운 거겠

죠. 어딘가 마음대로 갈 수 없는 거잖아요. 그리고 엄마가 가지 말라고 그
랬어요. 말괄량이 삐삐는 말을 좀 잘 안 듣고, 거부하고. 자기가 하고 싶은
대로 하는 자유로운 캐릭터겠죠."

난 이렇게 말하면서 어렴풋하게 어릴 때 내가 모범생이라는 캐릭터에서 벗
어나려고 노력하였던 기억이 났다. 어릴 때 주변에 있는 사람들이 나를 모범
생이라고, 착실하다고 칭찬해 주었지만 나는 그것에서 무척 벗어나고 싶어
하였었다. 그러자 연구자 선생님은 "일반적으로 5회기 정도 들어오면 자신
의 무의식을 뭔가 조금씩 감지하게 되거든요. 지금부터 이제 '알아차림'이라
는 용어를 쓸게요. 자신의 내면을 알아차리기 시작하는 것이지요."라고 말
씀하셨다.

연구자 선생님은 이야기를 계속 만들어 보라고 하셨다. 나는 방으로 갔
다. 나는 내 친구 오정이와 공터에서 즐겁게 노는 것을 상상하였다. 한껏 마
음이 즐거웠다. 나는 피겨들의 위치를 옮기면서 삐삐와 오정이가 즐겁게 노
는 모습을 꾸몄다. 이렇게 꾸민 모래놀이 상자를 보고서 마음이 편하였다.
그리고 나는 이런 이야기를 꾸며 보았다.

삐삐와 오정이는 공터 흙 속에 묻혀 있던 돌들을 캐내어 돌탑을 쌓기도 하고, 흙 속에 파고들어가 수영을 하며 신나게 놀아요. 때마침 기차가 동네 한 바퀴를 돌려고 하네요. 오정이는 얼른 기차에 탑승하고 삐삐는 자신의 오토바이를 몰고 신나게 뒤따라가요. 엄마에게 또 한소리 듣겠지만 삐삐는 지금 신나고 재미있어요.

—

나의 모래놀이 상자는 아까보다 좀 더 역동적으로 보인다. 이러다가 엄마에게 혼날 줄 알지만 이제는 엄마에게 혼나는 게 두렵지 않다. 연구자 선생님은 나의 이야기를 듣고서 이런 말씀을 해 주셨다. "저기 보면, 돌을 모두 모아서 하나의 돌탑을 쌓고 있어요. 우리가 산에 가거나 그러면 뭔가 기도를 하면서 탑을 쌓잖아요. 뭐 그런 거 같기도 하고, 금을 캔다고도 하잖아요. 흙 속에서 뭔가 중요한 거를 캐내듯이 그러니까 지금 삐삐가 이 장면을 통해서 전달하고자 하는 메시지가 있는 것 같아요. 지금 스토리 전과 후를 통해서 '엄마는 싫어하겠지만'이라는 표현을 많이 쓰고 있어요. 어떤 의미에서는 엄마가 굉장히 지배적인 역할을 하고 있는데 엄마의 지배에서 벗어나고자 하는 그런 것들에 대한 강한 표출이 아닐까요?"

연구자 선생님의 이러한 이야기를 마무리로 오늘의 나의 모래놀이가 끝났다. 난 모래놀이를 할수록, 한 회기가 갈수록 내가 무엇에 얽매여 있는지 알 수 있을 것 같았다. 오늘 모래놀이에서 엄마의 이야기가 처음으로 나왔는데, 어렴풋이 오늘은 내가 마음 깊숙이 엄마에게서 독립할 준비를 하고 있는 것은 아닐까 하는 생각도 들었다. 사실 내가 중학교 3학년이었을 때 부모님이 결별하셨고 엄마와 나는 둘이서 모든 어려움을 이겨 내면서 지내야 하였다.

나에게 엄마는 절대적이었고 엄마에게도 나의 존재가 아마 그랬을 것이다. 이렇게 엄마는 나에게 분명히 큰 의미였고 엄마는 나에게 없으면 안 되는 존재였지만, 난 20살이 넘은 지금에도 항상 엄마의 보호를 필요로 하고 사소한 일도 엄마를 통해서 하고 싶어 하는 의존적인 어른 아이로 남게 되었다. 뭐든지 두려웠고 엄마의 도움을 받고 같이 해야 할 것 같았다.

자운영의 여섯 번째 이야기: 안녕, 세상아!

━   지난번 모래놀이를 하면서 처음으로 엄마가 나에게 어떤 사람인지 생각해 보게 되었다. 난 내가 소중히 해 왔던 지갑을 들여다보았다. 분홍색 색깔의 알록달록한 지갑이었다. 난 이 지갑을 보물처럼 귀중하게 여겼다. 이 지갑은 내가 초등학교 1학년에 입학하였을 때 엄마가 사준 선물이었다. 내가 하나의 인격으로서 성장하고자 하는 바람이 더욱 커진 것일까. 아니면 나는 그럴 용기가 없는 것일까. 나는 왜 하나의 인격으로 성장하는 것에 주저할까. 나는 이런저런 감정이 들며 모래놀이를 시작하면서도 무척 혼란스러웠다. 요즘 엄마와의 사이가 좋지 않았다. 그 전에는 엄마와 정말 비밀이 없이 잘 지냈었는데, 이모들에게 우리 집에는 사춘기가 온 거 같다고 말하기도 하였다.

오늘도 지난번처럼 모래놀이 상자의 부드러운 모래를 손으로 만져 보았다. 갑자기 나도 모르게 나에게 몰입하게 되었다. 지금 생각해 보면 내가 뭘 하였는지 모를 정도였다. 나는 장례식에서 사용하는 관을 찾고 있었다. 피겨 중에는 관이 없었지만 나는 하트 모양의 예쁜 보석함을 관으로 사용하기로 하였다. 그러면서 뭔가 불편한 마음이 가중되었지만 피하고 싶지는 않았다. 나는 계속하여 관을 지키는 두 명의 저승사자가 있고 오른쪽 위에는 누군가의 죽음을 슬퍼하며 아파 누워 있는 사람을 놓아 장례식을 꾸미게 되었다. 그리고 먼 곳에 요정을 두었다. 난 내가 만든 모래놀이 상자의 장례식을 마주하고서 이야기를 풀어냈다.

구름이 잔뜩 낀 오늘은 김순수의 장례식 날이에요. 젊고 아리따운 김순수는 교통
사고로 그만 목숨을 잃게 되었어요. 김순수의 장례식장에는 많은 사람들이 왔어
요. 친한 친구들, 직장 동료들. 모두 순수의 죽음을 안타까워하고 슬퍼하였지요.
김순수의 남편은 갑작스러운 순수의 죽음에 너무 충격을 받은 나머지 울다 지쳐
실신해 버렸어요.

—

나는 죽은 자를 '김순수'라고 이름 붙였다. 김순수는 바로 나였다. 이런
나는 교통사고로 원치 않은 죽음을 맞이하게 되었다. 이제 모든 사람과 이
별해야 하였다. 요정은 나를 지켜보고 있었다. 요정의 존재는 죽은 사람도
산 사람도 아무도 몰랐다. 이 요정은 김순수가 원치 않게 생을 마치게 되어
불쌍한 마음으로 바라보고 있다. 나의 이러한 죽음을 슬퍼하다 실신한 사
람은 남편이었다. 남편은 나의 갑작스런 죽음에 절망하고 상실감을 느껴 몸
을 가눌 수가 없었다. 남편은 너무 사랑하는 사람이, 평생을 함께할 거라 생
각하였던 사람이 갑작스럽게 없어져 버려 충격을 받아 울고 울다가 기절해
버렸다. 김순수는 이런 남편이 안쓰러워 마음이 아팠다. 남편이 불쌍하고 챙
겨 주고 싶었다.

지난번 모래놀이 때 나는 타원형 기찻길이 있는 공터에서 놀고 있는 삐삐와 친구들의 이야기를 꾸몄다. 그 공터는 집에서 아주 먼 곳이었고 엄마가 거기에 가지 말라고 하였지만 삐삐는 오토바이를 타고 왔었다. 연구자 선생님은 이런 지난 회기 때의 이야기를 다시 말씀해 주셨다. "지난번에 엄마가 가지 말란다는 얘기를 여러 번 하였었어요. 뭔가 독립을 꾀하고 싶은데 그 궤도를 못 벗어나는 거 같았어요. 그러니까 엄마에게서 벗어나고는 싶은데 과감하게 그거를 거부하지는 못하겠고, 그런 양가감정이 있는 거 아닐까요?"

사실 지난번 것을 다시 회상해 보면, 몸은 다 크고 성인이라고 하지만 아직까지 엄마의 그늘에서 벗어나지 못한 나였었다. 그러나 나는 "엄마가 갑자기 없으면 어떡하지" 하며 많은 걱정을 하였고 두려워하였다. 이런 생각에 이르자 나는 죽은 김순수가 내가 아니라 엄마라는 생각이 들었다. 그리고 남편이 바로 나인 것만 같았다.

그러자 연구자 선생님은 죽은 사람이 어쩌면 엄마일 수도 있고 아니면 본인일 수도 있을 거라 말씀하시면서 나에게 이 모래상자를 보는 느낌이 어떤지 물으셨다. 엄마의 죽음이라고 생각하니 왈칵 눈물이 나왔다. 나는 나의 모래놀이 상자를 물끄러미 바라보았다. 나는 보석함에 누워 있는 김순수가 무척 애처로웠다. 누가 김순수를 살려 주었으면 좋겠다고 생각하였다. 빨리 김순수를 살려내고 싶었다. 그러나 왜 살리고 싶은지는 알 수가 없었다. 바로 이어서 다음 이야기를 꾸미고 싶었다. 피겨들이 있는 방으로 갔다. 확실히 나는 그 많은 물건들 중에서 내가 원하는 것을 고르는 속도가 몰라보게 빨라졌다. 여러 번 모래놀이를 하다 보니 익숙해져서일 것이다. 그러나 그것보다는 내가 원하는 것이 무엇인지 좀 더 빠르게 자각할 수 있었고 내 감정에 더욱 충실하게 되면서 내가 어떤 피겨를 원하는지 빨리 결정할 수 있게 되었기 때문일 것이다. 나는 김순수를 살리고 싶었다. 나는 남편과 행복하게 살고 싶었다. 모래놀이 상자를 꾸미고서 나는 이야기를 만들었다.

저 멀리서 슬픈 장례식을 보고 있던 요정은 순수와 남편이 아직 헤어질 때가 아니라고 생각하였어요. 장례가 끝나고 관의 문이 닫히는 순간 요정의 마법으로 순수는 벌떡 일어나게 되고 그걸 지켜보던 사람들은 놀라 자빠졌어요. 순수가 살아났다는 소식을 듣고 남편은 벌떡 일어나 순수의 곁으로 갔지요. 두 사람은 다시만나 무척 행복하였고, 요정은 행복하게 살라며 금은보화를 주었어요. 모두 행복하였어요. 그러나 관을 지키던 지킴이 두 명의 표정은 왜 그럴까요. 무엇을 염려하고 걱정하고 있기에 저런 표정일까요.

—

김순수는 죽고 싶어서 죽은 것이 아니었다. 김순수는 죽기 전의 삶으로 돌아가고 싶었다. 다시 남편과 행복하게 살고 싶었던 것이다. 그래서 나는 김순수가 죽기 전의 삶으로 돌아가는 상상을 하며 모래놀이 상자를 꾸미게 되었다. 김순수가 다시 살아나자 남편은 김순수에게 달려왔다.

그러나 김순수는 다시 사는 것을 진정으로 원하는 것은 아니었다. 김순수는 우연히 교통사고를 당해 죽은 것이고 죽었을 때는 다시 남편이랑 살고 싶었다. 왜냐하면 남편이 자기 때문에 속상하고 슬퍼하다 기절하는 모습을 보기 힘들었기 때문이다. 만약에 남편이 너무 힘들어하지 않았다면 김순수는 어땠을까. 연구자 선생님은 "오히려 그 남편의 절망적인 태도가 순수로 하여금 새로운 세계로 갈 수 있는 걸 막은 게 되나요?"라고 물으셨다. 아마 남편이 편안하게 있었다면 김순수는 죽음을 받아들이고 다른 세상으로 편하게 갈 수 있었을 것 같다. 남편이 편안해지고, 안정된다면 다른 세상으로 갈 수 있을 것 같지만, 김순수가 없어서 남편이 너무 슬퍼하는 모습을 김순수는 볼 수가 없었다. 물론 새로운 세계로 갈 수 있다. 그러나 김순수도 이런 남편을 두고는 떠나고 싶지 않았다.

김순수가 다시 살아나서 남편과 행복하게 지내는 이야기를 꾸몄지만 뒤에 있는 지킴이들은 김순수가 살아난 것에 대해 환영하거나 반기지 않았다. 다른 사람들 모두 다 김순수가 다시 살아나서 기뻐하고 좋아하였지만, 지킴이들은 김순수가 살아나서 남편과 잘 살 수 있을지 염려하고 있었다. 지킴이들은 김순수가 갑자기 살아나서 무섭기도 하였다. 왜냐하면 앞으로 둘 중에 한 명은 어차피 죽을 거라며 앞으로의 미래를 불안해하였기 때문이었다.

연구자 선생님은 "그러니까 아마도 굉장히 용기가 필요하였을 거예요. 죽은 자가 자신이든 아니면 엄마이든. 한번 죽어야지 새로 태어나는 거거든요. 아마 어떨 때는 편안하고 안전하다고 생각이 들지만, 어떨 때는 견딜 수가 없게 올가미같이 나를 잡아매는 거 같은 느낌, 그래서 엄마에게 양가감정이 있어 보여요. 그 시점에 이런 이야기를 하게 된 거 같아요. 처음에는 나를 키우느라 고생한 엄마에게 그런 생각을 가지면 안 된다고 생각하였을 거예요. 그러나 지금 용기를 내어가지고 간접적으로 이 놀이를 통해서 한번 실험을 해 봤던 것 같아요."

이렇게 오늘의 모래놀이는 감정의 소용돌이 속에서 끝났다. 오늘은 뭔가 시원하지 않은 느낌이다. 여운이 남는다. 무엇인지 모르는 여운이었다. 사실 처음에 관을 구성할 때는 내가 죽는다면 몇 명이나 올까 하는 단순한 호기심에서 시작하였었다. 그러나 김순수가 엄마인지 아니면 나인지 아직도 잘 모르겠다.

하지만 놀이를 진행하다 보니 엄마로부터의 정서적 독립이 필요하다고 느꼈지만 쉽게 용기가 나지 않는 나의 내면을 표현한 것 같다. 27년을 살아오면서 외동딸이다 보니 혼자서 일을 해내기보다는 엄마의 품안에서 엄마를 의지하며 살아왔다. 엄마가 죽어 없는 세상을 생각하면 눈앞이 깜깜해졌다. 엄마와 이야기를 나누어 보아야겠다.

자운영의 일곱 번째 이야기: 제야의 종소리

━ 피겨들 중에는 땡~하며 맑은 울림 소리가 듣기 좋은 종이 있었다. 몇 회기 전부터 이것을 사용하고 싶었지만 어떤 스토리가 생각나지 않아 망설여 왔다. 오늘은 한 해가 끝나 가는 때라 제야의 종소리를 생각하며 그 종을 손에 잡았다. 이 종은 새로운 시작을 알리거나 일깨우는 의미가 있는 것이다. 아마도 난 모래놀이를 해 오면서 다시 출발하고 싶은 마음이 내면에 있었던 것 같다. '엄마로부터 독립의 시작을 알리고 싶은 것일까' 하고 생각하면서 제일 먼저 종을 모래놀이 상자의 위쪽에 놓았다. 함께 모래놀이를 하는 참여자들에게 종소리가 울리는 것이 방해받지 않을까 조심하면서 모래놀이 상자를 꾸며 나갔다. 나의 이야기는 이러하였다.

오늘은 2013년 12월 31일 낮 1시입니다. 오늘 밤에는 한 해의 마지막을 보내고 새
날을 맞이하기 위한 제야의 종 울리기 행사가 있습니다. 사전 리허설을 위해 각 분
야 대표들이 한복을 근사하게 차려 입고 나왔습니다. 워낙 많은 사람들이 모이는
행사인지라 경찰, 구급차도 모두 대기하며 리허설을 진행하고 있습니다.

━

　나는 새해 전날 제야의 종소리 행사를 위한 리허설 행사를 상상하였다. 그
러나 지나치게 경계가 삼엄하게 이루어지고 있고 바리게이트가 종 주위로 설
치되어 있다. 사람들이 들어와서 행사를 방해하면 안 되기 때문에 바리게이
트를 쳐 놓았다. 그 사이에 약간의 틈새가 있었다. 그러나 그 틈새로 사람이
들어오기에는 너무 경비가 심하였다. 그나마 조금 관심을 덜 받는 아기 강
아지들과 아기 비버가 아무도 몰래 들어와 놀고 있다. 연구자 선생님은 나
의 이야기를 듣고서 "제야의 종소리라면 희망의 새해를 맞이하여 굉장히 축
제 분위기일 텐데 그 주변이 너무 삼엄하죠? 오히려 종이 무언가에 갇혀 있
는 거 같아요. 그것도 모자라서 이 경계선에는 지금 소방헬기까지 와 있네
요. 왜 제야의 종소리 울리는 게 이렇게까지 경계 태세를 갖추어야 되는 걸까
요?"라고 말씀하셨다.

　지금은 낮이라 사람이 별로 없지만, 밤이 되면 사람들이 몰려들 것이다. 그
러다가 서로 먼저 보겠다고 밀려들 수도 있고, 싸움이 날 수도 있고, 넘어져서
사고가 날 수 있기 때문에 그걸 대비한 경찰차도 있고, 구조하기 위한 헬기도
있고, 구급차도 놓았다. 사람이 많이 모이니까 테러 위험도 있을 수가 있다.

　안전하게 행사를 마치려면 삼엄한 경계가 필요하다. 어쩌면 과잉 방어를
하는 것 같아 보이지만 안전하게 이 행사를 마칠 수 있는 것이 중요하였다.
그리고 내가 놓은 종은 경주 박물관에서 볼 수 있는 에밀레종 같은 것인데,
그것이 유난히 마음에 끌렸다. 피겨들 중에는 여러 다양한 종들이 있었지
만 나는 이 묵직하고 검으며 오래된 종이 좋았다. 연구자 선생님은 "이 방에

는 이태리에서 가져온 종, 로마에서 가져온 종, 피렌체에서 가져온 종, 베네치아와 중국에서 가져온 종 등 여러 가지 종이 있어요. 그 중에서 이 종은 경주 박물관에 가 보면 에밀레종이 딱 저렇게 생겼거든요. 에밀레종에는 전설이 있어요. 그 종을 만드는 사람이 정말 좋은 소리를 내기 위해서 종을 만들 때 살아있는 아기를 집어넣었다는 전설이 있죠. 그래서 그 종을 치면 '에밀레, 에밀레' 하며 엄마를 찾는 소리가 들린다는 전설이 있어요."라고 말씀하셨다. 나는 내가 고른 종에 그런 전설이 있는지는 몰랐다. 나는 단지 우리나라 절에 가면 많이 볼 수 있는 종이라서 놓았을 뿐이다.

연구자 선생님은 덧붙여서 종은 누군가를 깨우기 위한 용도로도 쓰인다면서, "굉장히 두려워해서 울타리도 모자라서 그 뒤에 또 삼엄한 경계를 세우고 있는 것 같아요. 혹시 두려움인지 뭔지는 모르지만 의식적으로 방어를 하는 것은 아닌가. 무의식에서는 계속 자기를 알리고 깨우치고 있는데……"

그러시면서 선생님은 다음 이야기를 이어 나가 보라 하셨다. 나는 밤 12시가 되어 제야의 종소리 행사가 진행되는 모습을 상상하면서 모래놀이 상자를 꾸며 보았다. 이번에는 제목을 "HAPPY NEW YEAR!!"라고 정하였다. 나는 바리게이트를 열었고 종의 옆에 남녀가 마주보고 있는 피겨를 놓았다. 그리고 뒤편에는 삼장법사를 놓았다.

나는 여기에서 여전히 무언가에 대한 경계심이 있어 보였다. 바리게이트도 조금만 열어 두었고 여전히 경비는 삼엄하였다. 누가 이 행사를 방해하지 않을까 촉각을 세우고 있다. 그러나 나는 내가 모르는 새로운 나를 발견하고 있는 그대로의 나를 받아들여 새롭게 시작하고 싶어 하는 것 같았다.

31일 밤 12시가 다 되어 가자 사람들은 무척 많이 개미떼처럼 몰려들었어요. 낮에 리허설을 보고 지나가던 시민 한 명이 시청에 건의를 해서 경비가 조금 약해졌지만 경찰들은 여전히 긴장하고 경계를 늦추지 않았어요. 저 멀리 폭탄을 던지듯 보이는 사람과 손에 흉기를 들고 있는 듯한 사람을 경계하지만 사실 그 사람들은 목말라서 물을 마시던 사람들이었고 야구 게임을 마치고 돌아오는 사람들이었답니다. 12시가 되어 가자 5, 4, 3, 2, 1, 땡. HAPPY NEW YEAR! 무사히 새해가 밝았고, 그곳에 있던 많은 사람들은 기뻐하며 새롭게 다가올 2014년을 기대하며 축복하였답니다.

자운영의 여덟 번째 이야기: 악당 선발 대회

━   내가 느끼는 불편한 감정들이 있어도 내가 나를 그대로 받아들일 수 있을까. 내가 나를 받아들이기를 경계한다면 왜 그럴까. 지난 한 주 동안 나는 이런 생각을 해 왔다. "그대로 받아들인 나는 도대체 누구일까" 하는 생각을 하면서 나는 오늘 모래놀이에 참여하였다. 그러나 여전히 나는 내가 모래놀이 상자를 꾸미고 말을 해 놓고도 무엇을 의미하는지 이해하기가 어려웠고 왜 내 마음이 불편한지 이해하기가 쉽지 않았고 계속 혼란스럽기만 하였다. 한편으로는 마음이 후련하기도 하였지만 알 수 없는 감정의 소용돌이로 인해 더욱 내 마음을 들여다보고 싶었다.

평소처럼 피겨방으로 갔다. 난 악당놀이를 하고 싶었다. 제일 먼저 잡은 피겨는 몸집이 크고 우락부락하게 생겨 가장 악랄한 것처럼 보이는 빨간색 악당이었다. 그리고 피겨 중에서 가장 악랄해 보이는 여러 피겨들을 둘러 놓았다. 난 내가 만든 모래놀이 상자를 보고 이야기를 만들었다.

악당들은 자기가 최고가 되고자 상대에게 가할 공격을 준비하고 있다. 그런데 한쪽 옆에 아주 순수하고 여려 보이는 꼬마 사슴이 있다. 하지만 꼬마 사슴은 악당들이 무서운 무기를 들고 아주 크고 무섭게 생긴 것들이 서로 저렇게 전투를 벌이려고 하는 것을 보고서도 전혀 무서워하지 않았다.

큰일났어요. 황량한 사막에 세상에서 둘째라면 서러운 못된 악당들이 모두 모여 있네요. 이들은 누가 최고 못된 악당인지 가려내기 위해 이 자리에 모였어요. 긴 장감이 팽팽하네요. 서로를 무찔러야 최고 악당이 될 수 있어요. 앗! 연약한 사슴아 얼른 피해요. 거기 있다가 다칠 수도 있어요. 자, 이제 시작!

—

연구자 선생님은 다음 이야기가 기대된다고 하셨다. 나는 악당들이 서로 싸우다 모두 죽는 장면을 상상하면서 모래상자를 꾸몄다. 나의 이야기는 이러하였다.

연구자 선생님은 오늘의 이야기는 지금까지 모래놀이와는 너무나 다른 성격의 내용이라고 하셨다. 선생님은 "이번에는 격렬한 투쟁이 일어나고 있어요. 사실 처음에 보면 굉장히 진전이 빠를 것 같았는데 중간에 엄마하고의 관계, 또 다른 자기와의 관계에서 죽음과 재생을 반복하였단 말이에요. 그러면서 여태까지 쓰던 것들과는 너무나 성격이 다른 인물들로 확 변하였습니다." 그러시면서 연구자 선생님은 나에게 "이걸 바라보는 본인의 심정은 어떤가요?"라고 물으셨다.

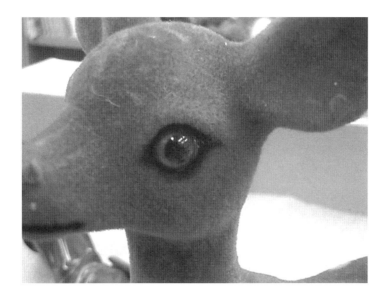

시작하자마자 사막은 아수라장이 되었어요. 총알이 빗발치고 뱀이 지나다니며 사람을 물고 악당들은 하나 둘 나가떨어지기 시작하였어요. 마지막으로 레드 악당과 집게 악당만이 남아 1:1 대결을 펼쳤어요. 집게 악당은 먼저 다른 악당에게 빼앗은 총을 이용해 레드 악당을 공격하였어요. 하지만 레드 악당의 몸은 방패가 가리고 있어서 소용이 없었지요. 마지막으로 가장 아끼는 부하, 독뱀 3총사를 이용해 레드 악당을 이겼어요. 기뻐하던 것도 잠시, 집게 악당은 그 자리에서 쓰러져 버렸습니다. 사실 레드 악당은 어깨에 있던 파란 도마뱀의 조종을 받고 있었거든요. 미처 알지 못한 집게 악당은 도마뱀에게 물려 죽고 말았죠. 도마뱀은 주위를 둘러보며 모두 어리석다고 생각하였어요. 그 때 구석에 있던 연약한 사슴과 눈이 마주쳤어요. 사슴의 눈을 바라보자 도마뱀은 움직일 수 없었고, 온몸에 관절이 꺾이는 듯 고통을 느끼고 죽고 말았답니다. 사실 저 연약한 사슴은 오늘 여기 최고 악당이 되기 위해 온 것이었죠. 연약함이라는 위장의 가면을 쓰고.

＿

　나는 악당들이 싸우는 혼란스러운 모래놀이 상자를 보고서 솔직히 마음이 편하였다. 연구자 선생님이 카메라로 모래놀이 상자를 찍으라 하셨는데, 나는 사슴의 눈을 클로즈업하기로 하였다. 사슴의 눈은 평화로워 보였지만 사실 나는 무서웠다. 처음에는 사슴을 놓지 않고 악당들로만 꾸미고 싶었다. 그냥 뭔가 나쁜 악당들만 다 쓰고 싶었다. 사실 사슴은 안 쓰려고 하였다. 쟤네들끼리 싸워서 최고 1인자를 만들어야지 이랬는데 왠지 사슴의 눈이 너무 사실적으로 생긴 것이 자꾸 마음에 걸렸다. 피겨인데도. 그래서 저 사슴이 뭔가 할 일이 있을 거 같다고 생각하고 저 맨 끝에 놓고서는 착한 척, 연약한 척. 그러니까 쟤네들은 얘가 너무 연약하니까 신경도 안 쓴 거다. 그런데 사실 알고 봤더니 사슴이 사막에 있을 리가 없잖은가? 얘도 여기 최고 악당이 되려고 온 건데. 사실은 그런 사슴이 좀 가증스러웠다. 겉포장은 아주 연약한 척 가면을 쓰고 악당들을 지켜보고 있었기 때문이다.

"그걸 보는 본인의 심정은 어떤가요?" 연구자 선생님이 물으셨다. 나는 이렇게 대답하였다. "어떻게 보면 똑똑하다는 생각도 들어요." 연구자 선생님은 "똑똑하다? 네네. 그렇군요. … 이제 투쟁을 하였다가 후퇴하였다가 다시 시작이 됐기 때문에 내적인 작업이 또 다른 측면을 맞이한 것이죠. 어쩌면 이것은 저번에 관에다가 넣고 장례를 치른 사건하고 연관이 될 수도 있어요. 앞으로도 좀 더 전개가 되어야 될 것 같아요."라고 말씀하셨다.

이번 모래놀이에서는 내 속에 있는 심술궂은 나를 바라본 것이 아닌가 하는 생각이 든다. 안정이 되는 것 같더니 다시 싸우는 장면이 나오니 더욱 마음이 혼란스럽기도 하다.

자운영의 아홉 번째 이야기:
무인도에 혼자 있는 아기 비버 구하기

ー　　이제 모래를 만지는 것에 불편함은 없었다. 모래를 만지다가 언덕을 쌓고 싶은 마음이 들었다. 얼마 전에 나는 새로운 친구를 알게 되었는데 그 친구도 어린 시절 나와 비슷한 상처가 있다는 것을 알고 그 친구를 위해 많이 도와주고 있었다. 그런 생각을 하면서 피겨를 가지러 갔고 아주 작은 비버 한 마리가 눈에 보였다. 7회기 때 나왔던 바로 그 아기 비버였다. 비버와 그 주변 바다를 꾸며 줄 물고기들을 가지고 왔고 그 곳에 놀러온 공주와 왕자도 놓아 주고 싶었다. 모래놀이를 만들면서 아기 비버가 그의 친구라는 생각이 들었다. 오늘은 외딴 섬에 홀로 있는 아기 비버를 공주가 구하는 이야기를 꾸몄다. 그런데 갑자기 감정이 북받쳐 오면서 가슴이 아파 왔다. 두 눈에서 눈물이 떨어지면서 그칠 줄을 몰랐다. 나의 이야기는 이러하였다.

공주와 왕자는 바닷가로 산책을 나왔어요. 즐겁게 산책을 하고 있는 중 외딴 섬에 있는 아기 비버 한 마리가 보였어요. 아기 비버는 섬에서 혼자 외로이 지내고 있었지요. 하지만 왕자는 한 번도 가보지 못한 섬에 무엇이 있을지 모르니 가지 말라고 공주를 말렸어요. 그리고 아기 비버를 구하러 가는 길엔 여러 장애물이 많았어요. 왕자는 공주가 걱정되었어요. 공주도 겁이 나긴 하였지만 불쌍한 아기 비버가 계속 걱정되었어요. 공주는 고민 끝에 아기 비버를 구해야겠다고 생각하였어요.

—

여기에 나오는 아기 비버는 외딴 섬 무인도에서 태어났다. 아기 비버의 가족들은 있었으나, 어떻게 된 일인지 아기 비버는 가족들을 모두 잃고 홀로 남겨졌다. 그러나 여기 외딴 섬이 세상과 얼마나 멀리 떨어진 지도 아기 비버는 모른다. 그냥 이곳이 아기 비버에게는 자기 세상인 것이다. 여기에 사는 물고기들은 그냥 아무 생각 없이 왔다가 아기 비버랑 놀고 갔다. 물고기는 아기 비버에게 가족이 되어 줄 수 없으나 친구는 되어 줄 수 있다. 그래서 아기 비버는 많이 외로움을 느끼지는 않는다. 그러나 아기 비버는 늘 밤이 되면 혼자 있게 되었다. 그러던 어느 날 외딴 섬 근처 바닷가에 공주랑 왕자가 함께 놀러왔다. 공주는 아기 비버를 발견하고 바로 그 아기 비버에게 다가가려고 하였다. 그러자 왕자는 '저기 외딴 섬에 뭐가 있는 줄 알고 가려고 하느냐!'면서 공주가 아기 비버에게 다가가지 못하게 하였다. 왕자는 저 곳에 있는 저것이 정말 아기 비버인지 아니면 위험한 것인지 어떻게 알 수 있느냐며 극구 공주를 말렸다. 그런데도 공주는 그 아기 비버가 계속 걱정이 되었다. 왕자가 하는 말도 일리가 있지만, 공주는 그럴지라도 아기 비버를 구해줘야겠다고 생각하였다. 공주는 어떻게 할지 고민하다가 근처에 배를 발견하고는 그 배를 타고 비버에게 한달음에 다가갔다.

공주는 아기 비버가 연약해서 보호해 줘야 할 것 같았다. 그 섬에는 아기 비버를 돌봐 줄 사람들이 없었다. 아기 비버에게 친구들이 있었지만 공주는 아기 비버에게 뭔가 채워지지 않는 것이 있는 것만 같았다. 공주는 아기 비버가 외롭게 느낄까 봐 무척 걱정이 되었다. 공주는 그런 아기 비버를 데리고 자기가 현재 살고 있는 부유한 환경에서 함께 살고 싶었다. 그러나 아기 비버는 공주가 생각하듯이 외롭다고 느끼지는 않았다. 아기 비버는 아주 어렸을 때부터 혼자 살아왔기 때문에 외롭다는 것을 느낄 수가 없었다. 그런 아기 비버는 외로운 감정을 몰랐으나 허탈하고 비어 있는 듯 공허감을 느끼고 있었다.

공주가 아기 비버에게서 짠하게 외로움을 느끼는 이유는 공주도 그런 외로움을 느껴 본 적이 있었기 때문이었다. 공주 자신도 아주 어릴 때 무척 외로웠었다. 그러다가 왕자를 만나 행복하고 부유하게 살고 있다. 공주는 아기 비버에게서 동병상련과 같은 감정을 느끼면서 자신이 어린 시절에 느꼈던 외로움을 보게 되었다. 공주는 이런 아기 비버를 자기가 데리고 산다면 아기 비버가 행복해질 수 있을 것 같았다. 그러나 아기 비버는 공주와 함께 살면 곁에 누군가가 있어서 만족할 것 같아도, 자기가 살던 곳을 떠나 새로운 곳에서 다시 적응하고 안정감을 찾기는 어려울 것 같았다. 만약에 계속 공주가 아기 비버를 보살펴주지 않는다면 또다시 외로움을 느낄 것이기 때문이다.

공주가 기어코 아기 비버를 구하러 가겠다고 하자 걱정된 왕자는 공주를 따라 섬까지 같이 갔어요. 섬에 도착한 왕자와 공주를 보고 아기 비버는 반가워하며 공주에게 안겼지요. 아기 비버를 구해 돌아오는 길. 어쩐 일인지 물고기들이 공주를 향해 따라오고 있었어요. 배에서 내리자 공주와 왕자는 깜짝 놀랐어요. 바다 속 물고기들이 아기 비버를 바라보며 배 앞에 모두 몰려 있었거든요. 사실 아기 비버에게는 외롭지 않은 바다 속 물고기 친구들이 있었던 거예요. 공주와 왕자는 아기 비버에게 안정된 집과 음식을 주어 친구들과 행복하게 살 수 있도록 도와주었답니다.

—

이 이야기에서 공주는 아기 비버를 기어코 구하여 데려오려고 하였다. 그러나 아기 비버에게는 바다 속 물고기 친구들이 많았다는 것을 알게 되었다. 공주와 왕자는 그런 아기 비버에게 안정된 집과 음식을 주고서 친구들과 함께 살도록 도와주었다. 하지만 공주는 계속 아기 비버를 데리고 살고 싶어 하였다. 나는 오늘 모래놀이를 하고 나니 마음이 한결 가벼워졌다. 사실, 오늘의 이야기는 어릴 때 안쓰러운 '나'가 표현된 것 같다. 어린 시절 엄마

아빠는 서로 많이 싸우셨다. 그러다 보니 나는 늘 의지할 곳 없이 혼자 있을 때가 많았었다. 그래서 나는 '다른 애들은 엄마 아빠랑 다 같이 잘 사는 거 같은데, 행복하게 사는 거 같은데 왜 나만 이럴까' 하는 생각을 많이 하였었다. 내가 외동딸이라서 형제도 없었고 혼자서 많이 외롭고 힘들었었다. 엄마도 아빠와의 관계에서 답답함을 느껴서 집 밖에 나가 계시는 경우가 많았고, 내가 학교에서 집으로 돌아오면 집에는 아무도 없는 경우가 많았었다. 아무도 없는 집에 들어가기 싫어서 속셈학원에 가면 언제나 원장님이 반겨 주셔서 많이 의지가 되었다. 엄마가 아빠와 이혼한 이후, 그 와중에도 엄마는 항상 나를 챙겨 주시려고 많은 노력을 하셨다. 그런 엄마는 나를 친구처럼 대해 주고 나의 이야기도 많이 들어 주었다. 부모님의 관계는 내가 초등학교에 들어가기 전 어린 시절부터 안 좋으셨고 내가 중학교 3학년이 되었을 때 두 분이 결별을 하셨다. 그 후부터 나는 엄마를 따라가 살았고 좀 안정되었다. 그런 나에게 엄마는 나의 모든 것이었다.

그래서 나는 이 세상에 엄마도 없이 혼자 남겨지면 어떡하지 하는 걱정을 많이 하였었고 그렇게 된다면 살 수가 없을 것 같았다. 이혼하신 엄마도 나처럼 똑같은 생각을 하신 것 같다. 엄마는 어느 날 나에게 이런 얘기를 하셨다. "이 세상에 너 하나밖에 없는데. 아무리 친척 언니 오빠가 있다한들 다 한 다리 건너 아니냐. 너 없으면 어떡해."라고. 엄마 역시도 내가 없으면 어떻게 살지 막막하였던 것이다.

이러한 나의 어린 시절의 모습이 오늘 모래놀이에서 그대로 나타난 것 같다. 아기 비버는 어린 나의 모습이고 공주는 엄마라고 볼 수 있다. 엄마가 내가 힘들까 봐 많이 걱정하고 나를 데리고 살려고 노력하였던 것과 같이 공주는 아기 비버가 외롭게 느껴졌고 왕자의 만류에도 불구하고 아기 비버를 데리고 살려고 하였다. 그런데 아기 비버는 공주에게서 벗어나고 있다. 아기 비버는 물고기 친구들과 함께 다시 공주를 떠나 자기의 삶으로 되돌아왔다. 이처럼 나는 오늘 아기 비버에게서 나의 어린 시절을 보면서 모래놀이가 끝날 때까지 눈물이 멈추지 않았다. 난 아기 비버를 보고서 스스로 위로해 주고 괜찮다고 말해 주고 싶었다. 지난 시절 상처라고 생각하며 애써 외면해 왔던 모습을 이렇게 직접 바라보게 되니 한결 마음이 편해짐을 느꼈다. 이제 나의 오랜 상처를 인정하고 받아들이게 된 것 같다. 이렇게 나는 엄마에게서 독립하고 어른으로서 성장할 마음의 준비가 되어 가고 있었다. 연구자 선생님은 그 아기 비버가 또 다른 측면에서는 내 무의식 속에 있는 나의 그림자일지도 모른다고 하셨다. 그리고 생각해 보니 공주가 엄마일지도 모르지만 또 한편으로는 현실의 나일 수도 있을 것 같다. 즉 의식에 있는 내가 무의식 속에 성장을 멈추고 초라하게 있는 애처로운 나를 만난 것일 수도 있다는 생각이 들었다.

자운영의 열 번째 이야기: 과수원

요즘 나의 발걸음에는 여유가 있다. 내 마음이 많이 성숙해진 것 같은 생각이 든다. 오늘은 나의 이러한 여유가 모래놀이 상자에 펼쳐질 것 같다. 평소와 같이 피겨가 있는 방으로 갔다. 난 단숨에 내가 무엇을 꾸미고 싶고 어떤 피겨가 필요한지 알아차렸다. 나는 선반에서 오두막을 손에 잡았다. 그리고 커다란 과일들을 보면서 마음에 기쁨이 가득하여 풍요로운 과수원을 생각하였다. 오늘의 이야기는 이러하였다.

착한 농부가 살고 있었어요. 그 농부는 지난해 밭에 수박, 메론, 파인애플을 심었지요. 1년 동안 열심히 물도 주고 사랑해 주고 잘 보살펴 주었어요. 농부의 아내는 밭에 노래도 틀어 주고, 과일들에게 사랑의 말도 해 주며 잘 키웠어요. 드디어 수확의 날. 밭에 나온 농부 부부는 깜짝 놀랐어요. 수박, 메론, 파인애플이 모두 거대하게 자라났기 때문이에요. 잘 자란 과일들을 보며 농부 부부는 손을 걷어붙이고 수확하기 시작하였어요.

—

　나는 모래놀이 상자를 만들면서 마음이 기뻤다. 농부는 얼른 수확해서 먹기도 하고 팔기도 하고, 또 이웃 사람들과 함께 나눠 먹고도 싶어한다. 이곳은 수박 밭이고 저곳은 당근 밭이다. 나는 더 많은 과일과 식물을 심고 싶었다. 농부는 오두막에 올라가 넓은 밭에서 무럭무럭 자라고 있는 식물과 과일을 보고 싶었다. 농부는 마음이 흐뭇하다. 이 농부는 부부와 함께 여기서 지낸다. 둘이서도 다른 사람의 손이 필요 없이 잘 해낼 수 있다.

　이러한 농부처럼 나의 마음이 여유롭다. 사실 난 오랫동안 조급하고 바쁘게 살았다. 바쁘지 않은 상황에서도 마음이 급하였다. 일을 하면서도 그 다음에는 무엇을 해야 할지 찾아서 빨리빨리 뭔가를 하였어야 하였다. 이제는 농부가 많은 수확을 얻어 여유로운 것처럼 나는 편안하게 일을 하게 되었다. 친구관계에서도 마찬가지였다. 친구가 나 때문에 기분 나쁜 일이 있었다면 조바심이 들어서 빨리 그 문제를 해결해야 하였다. 그 친구와의 관계가 불편해지면 참을 수가 없어서 그걸 빨리 해결하고 싶어했다. 이제는 그런 상황이 생겨도 친구에게 상황을 정리할 시간이 필요할 거라는 걸 알고 다시 한 번 생각해 보게 되었다. 조급하게 생각하거나 그런 마음들이 많이 없어졌고, 뭔가 상황이 생겼을 때도 천천히 바라보고 좀 여러 번 생각하게 되고 그렇게 된 것 같다. 그러면서 친구의 마음을 생각해 보게 되고 서운한 마음이 있어도 친구에게 더 잘 다가가서 해결해 주게 되었다.

자운영의 모래놀이를 마치다

━   처음 이 모래놀이 상담을 시작한다는 이야기를 들었을 때 내심 많이
해 보고 싶었다. 나의 내면 모습은 어떤지 궁금하였고 모래놀이를 시작하게
되었을 때 진짜 신났다. 처음에는 내가 모래놀이 상자를 만들고 이야기를
만들었지만 무슨 의미가 있는지 이해가 되지 않았다. 그러나 점차 내가 놓
은 여러 피겨들에 담긴 나의 목소리들이 들리기 시작하였고, '내 마음이 이랬
기 때문에 내가 불편하였었구나!', '나도 모르게 내가 많이 힘들고 어려워하
였구나!' 하는 것을 느끼게 되었다.

지금 4회기 때를 생각해 보면 당시에는 무언가 알 수 없었지만 무척 혼란
스러웠다. 그때 나 자신이 모래놀이를 하면서 눈물을 흘리게 될지는 몰랐었
다. 감정에 복받쳐서 눈물이 났던 것 같고 그러면서 내 감정을 쏟아 내고 풀
어냈던 것 같다. 모래놀이를 하면서 내가 엄마에 대한 불편한 마음을 갖고
있었다는 것을 알게 되었다. 엄마와 관계가 무척 좋다고 생각하였고 나는
엄마를 전폭적으로 좋아하고 있다고 생각하였지만, 마음 반대편에는 엄마
에 대해 불편한 감정과 서운하고 속상한 마음이 있었다. 이제 모래놀이 상
담을 하고 나서는 스스로 나 자신이 일상적인 생활과 교육적인 삶에서 많이
달라졌다는 것을 느낀다. 예전의 나는 항상 밝은 사람이고 재밌는 사람이
며 긍정적이고 에너지가 넘치는 사람이어야 하였다. 하지만 항상 그럴 수는
없었고, 내 안에는 꺼내 보고 싶지 않은 것이 있었고 굳이 보려고도 하지 않
았다. 예전에는 우울하고 속상해 기분이 안 좋으면 맛있는 음식집을 찾아서
먹는 방식으로 그 기분에서 빨리 벗어나려고만 하였었다. 내 안에 있는 걸

굳이 들춰내고 그러고 싶지도 않았지만 모래놀이를 하면서 나도 모르게 모두 들춰지게 되었다.

그러다 나도 모르게 내 뒤에 숨은 감정을 모두 토해 내고 비워 내면서 다시 돌이켜보고 싶지 않은 어리고 불쌍한 나를 대면하게 되었다. 무척 혼란스럽고 불편하였지만 한편으로는 내가 왜 이런 나의 모습을 숨기려고만 하고 안 보려고 하였을까, 이제 받아들여야 하지 않을까 하는 생각을 하게 되었다. 그러면서 이제는 내가 기분이 안 좋고 우울할 때는 슬픈 노래도 들어 보고 잔잔한 노래도 들어 보면서 그 마음을 느끼고 수용하게 되었다. 이제는 우울한 기분에서 빨리 벗어나려고 발버둥치기보다는 혼자 조용한 방안에서 곰곰이 생각해 보고 글과 그림으로 써 보게 되었다. 그러면 마음이 한결 가벼워졌고 좋은 날도 슬픈 날도 있겠다고 생각하며 나의 마음을 받아들이고 나니 스스로 더욱 희망적인 길을 찾아갈 수 있게 되었다.

무엇보다도 27살이나 먹은 커다란 아기에서 이제야 어른으로서 한발을 내딛으며 인간적으로 성숙한 느낌이 들었다. 모래놀이를 하고 난 이후로 엄마로부터 독립적이 되었고 정서적으로 성장하게 된 것 같다. 사실 모래놀이를 시작하기 전에는 엄마의 그늘과 보호막 안에서 살아왔다. 유치원의 학부모들은 나를 아기 같은 선생님이라고 부르기도 하였다. 느낌이 그렇다는 것이다. 내가 생각하더라도 정말 아기처럼 뭐든지 두려웠고 엄마의 도움을 받고 같이 해 주기를 바랐다. 어린아이가 낯선 사람을 만나면 엄마 뒤에 숨는 것처럼 무엇이든 엄마를 통해 해결하려고만 하였다. 사소하게는 먹고 싶은 음식이 있을 때 항상 엄마에게 시켜 달라고 하였는데 엄마가 외출 중이라면 전화해서 집으로 주문해 달라고 조르기도 하였다. 그런데 이제는 식당에 주문하는 것을 스스로 하게 되었고 새로운 사람을 혼자 만나고 다녀오게 되었다. 엄마한테서 좀 빠져 나왔다고 인식을 하니까 그런 두려움들이 사라진 것 같았다. 그러면서 이제야 나도 어른이 되는 것 같았다.

내가 내 마음을 받아들이다 보니 마음에 여유가 생겼고 다른 사람의 마음도 수용할 수 있게 되었다. 그러면서 엄마와 친구, 그리고 유치원 유아들과의 관계에서 변화가 나타났다. 모래놀이를 접하기 전까지는 엄마에게 이해하기 어려운 부분도 많아서 엄마와의 관계에서 갈등이 심해지고 있었다. 엄마 집에서 나와서 혼자 살까 하는 생각도 하였지만 엄마 없이 살 용기가 없어서 엄두도 못 냈었다. 그러나 이제는 엄마의 삶을 수용하게 되면서 엄마와 나의 사이가 다시 좋아지고 편안해졌다. 친구와의 관계에서도 나는 이제 친구의 마음을 더욱 헤아릴 수 있게 되었다. 예전에는 친구와 관계가 불편해지면 그 상황을 참을 수가 없어서 조급해지기만 하였고 그러다 화를 내고 그랬었다. 그러나 이제는 한 번 더 그 상황을 되돌아보거나 나에 대한 서운한 마음을 친구의 입장에서 이해하게 되면서 친구에게 더욱 다정하게 다가갈 수 있게 되었다.

마찬가지로 내가 담임을 맡고 있는 유치원 아이들의 마음을 수용하고 배려할 수 있게 되었다. 예전에는 유치원에서 아이들보다 항상 일이 우선이었다. 수업이 아이들보다 더 중요하였고 프로젝트 수행 결과가 좋아야 하였다. 그렇게 결과에 집착하느라 마음이 조급하다 보니 아이들의 이야기를 그들의 입장에서 수용하지 못하였다. 그리고 아이들의 머리는 스펀지처럼 흡수력이 좋기 때문에 내가 아이들에게 많은 걸 줘야 한다고만 생각하였고 늘 나 위주로 수업을 이끌어 나가려고 하였다. 그러니까 수업의 기술이 제일 중요하였고, 다음으로 학부모에게 인정받는 것이 중요하였다. 그러나 이제는 아이들의 이야기를 들어 주는 것이 나의 유치원 업무에서 절반 이상을 차지하게 되었다. 며칠 전 유치원에서 프로젝트 활동 중에 아이들끼리 트러블 상황이 있었다. 예전에는 그런 똑같은 상황에서 아이들에게 "왜 그랬지?" 하고 물어보는 데 급급하였다. "저 친구가 너한테 왜 그런 말을 하였을 거 같아?"라고 묻는 이런 식으로 트러블을 해결하려고 하였었다. 그러다 보니 문제가 해결된 것 같아도 아이들의 마음속에는 늘 속상함과 억울함이 조금씩 남아 있었다. 내가 근무하는 유치원은 아무것도 바뀐 게 없었다. 그러나 그날의 경우 평소처럼 아이들하고 트러블 상황이 있었는데도 말끔하게 갈등이 해결되면서 아이들이 웃으면서 서로 "미안해", "괜찮아"라고 하고 서로 손잡고 갔다. 나는 그 모습을 보면서 내가 평소와 달리 아이들 앞에서 여유 있게 잘 바라보고 기다려 줄 수 있게 되어서 그런 것 같다는 생각이 들었다.

이렇게 나의 모래놀이 상담이 막을 내렸다. 짧다면 짧은 시간 동안에 많은 것이 바뀌었다. 앞으로도 가끔 모래놀이 상자를 꾸며 보고 싶다. 그리고 과거의 나와 이야기를 나누고, 앞으로 맞이할 미래에 내가 느낀 점을 알려 주고 싶다.

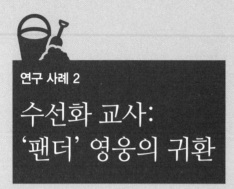

수선화 교사: '팬더' 영웅의 귀환

수선화 교사는 28세이며 유아교육 경력은 3년차로 현재 유치원에 재직 중이다. 가족관계는 부모님과 1남 1녀 중 차녀이다. 수선화 교사는 어린 시절부터 남들보다 우수한 몇 가지 재능이 있었고 자기가 하고 싶던 분야로 진로를 선택하려고 하였지만 부모님은 자신을 한 번도 인정해 주지 않았다. 수선화 교사는 초등학교 2학년이었을 때 학교에서 체력 검사를 하다가 마라톤 육상 특기생으로 선발되었다. 육상을 하면서 칭찬도 굉장히 많이 받았고 육상 특기생으로 인정을 받았다. 대회에 출전하여 성과도 거두었고 중학교에 입학해서도 계속 마라톤을 하였다. 수선화 교사는 자기가 잘할 수 있는 것을 찾은 것 같았다. 또한 수선화 교사는 글쓰기를 많이 좋아하였었다. 중학교 3학년 때 글쓰기 수필 상을 수상하고서 자기에게 글쓰기 재능이 있다는 것을 처음으로 인정받게 되었다. 그때부터 아이들을 위해 동화책을 쓰는 사람이 되겠다는 꿈을 가지게 되었다.

그러나 학교 공부를 하면서 마라톤 훈련도 하고 글쓰기를 같이 겸해서 하는 상황이 계속되었다. 심지어 어느 날은 마라톤 대회와 수학 올림피아드 대회, 그리고 글쓰기 대회의 일정이 겹치는 날도 있었다. 어린 마음에 어느 하나도 포기하고 싶지 않았지만 동화책 작가가 되는 꿈이 가장 간절하였기 때문에 글쓰기 대회에만 참여하게 되었다. 곧 수선화 교사는 일반고 진학과 예술 고등학교 그리고 체육 고등학교 중에서 어디로 가야 할지 고민하게 되었다. 결국 어머니의 기대에 따라 일반고로 가게 되었다. 수선화 교사는 체고 진학은 쉽게 포기할 수 있었지만 아직도 예고에서 글쓰기를 공부하지 못한 것에 아쉬움이 남아 있다. 당시 수선화 교사는 부모님께 동화책을 쓰고 싶다며 예고에 보내 달라고 말씀드렸지만 부모님은 자기의 마음을 조금도 인정해 주지 않았다. 수선화 교사는 유아교사의 길도 자신의 선택이 아닌 어머니의 권유에 의한 것이었다고 한다. 대학 진학 때도 자신의 선택은 국문과를 진학하고 싶었으나 어머니의 반대로 포기하고 결국은 어머니가 원하는 유아교육과를 선택할 수밖에 없었다. 최근 2년 전에는 수선화 교사가 사랑하는 남자와 결혼하려고 하였지만 결국 부모님의 반대로 헤어지고 말았다.

이렇게 수선화 교사는 한 번도 자기 자신의 삶이 부모님에게 인정받지 못하고 부모의 기대에 따라 살다가 자신의 정체성이 확립되지 않은 혼란스러운 심리 상태로 생활하고 있었다. 자신의 선택이 아니라 어머니의 기대에 맞추어만 살다가 때때로 우울해졌다. 수선화 교사가 모래놀이에 참여할 당시는 유치원에서 밀려오는 일들과 스트레스 그리고 가족과의 갈등으로 인해 심적으로 꽤 많이 지쳐 있었다. 무엇보다도 수선화 교사는 다른 사람들에게 자기의 주장을 못하고 거절을 하지 못하는 자신의 성격 때문에 답답해하였다. 이제부터 수선화 교사가 직접 이야기하는 것을 들으며 모래놀이 속으로 들어가 보자.

수선화의 첫 번째 이야기: 숲속 동물들이 달려가는 곳

— 　　처음 모래놀이를 시작하기 전에 모래상자 속에 담겨 있는 모래를 만
져 보았다. 모래는 생각보다 많이 차가웠다. 하지만 모래는 너무나 부드러
웠다. 손가락 사이로 모래가 내려가는 것을 못 느낄 정도로 부드러웠다. 너
무 부드러워서 꽉 쥔 주먹 틈으로 모래가 새어 나가는 느낌이 참 좋았다. 그
래서 여러 번 모래를 손에 쥐고서 모래가 부드럽게 새어 나가는 느낌을 즐
겼다.

　한참을 그렇게 모래를 만지다가 나는 피겨가 있는 방으로 갔다. 그 방에
는 정말로 다양한 물건, 사람, 동물 모양을 한 피겨들이 있었다. 나는 무심
코 고양이를 잡았다. 그것은 아빠 고양이였다. 그리고 여러 마리의 말과 고
양이 등 예쁜 동물 피겨들에 무심코 손이 갔다. 나는 아무 생각 없이 피겨들
을 모래놀이 상자에 놓으면서 꾸며 나갔다. 다만 제일 마지막에 팬더를 모
래상자 경계 지점에 놓았다. 나는 내가 꾸민 모래놀이 상자를 바라보았다.
그러고서 이야기를 꾸며 보았다. 모래놀이 상자 이야기의 제목을 '숲속 동물
들이 달려가는 곳'으로 정하였다. 나의 이야기는 다음과 같다.

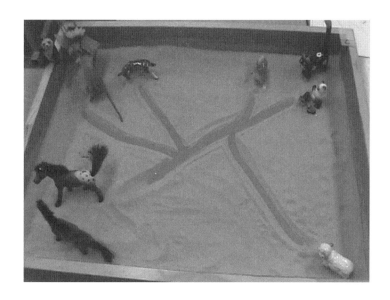

숲속 동물들이 숲속에서 되게 평화롭게 살고 있었어요. 아빠 고양이랑, 엄마 고양이, 아들 고양이랑 딸 고양이가 있었고. 옆집에는 진돗개 아저씨가 살고 있는데 제일 멋있고 믿음직한 아저씨에요. 그리고 좀 떨어진 모퉁이에는 양 아주머니가 살고 반대편에 사슴 아가씨랑 그 옆에 해바라기가 예쁘게 펴 있는 곳에는 팬더 친구가 살아요. 어느 날 모랫바람이 엄청 불어 반대편 귀퉁이에 높은 모래산이 생겼어요. 다른 숲속 동물들은 너무 높고 멀어서 올라갈 수 없다고 생각하였는데, 어느 순간 말 아저씨랑 말 아줌마가 바람같이 달려와서 그 모래 산에 올라갔어요. 그리고 다른 숲속 동물들의 집 앞에는 모래 산에 올라갈 수 있는 작은 길들이 생겼어요. 하지만 아기 고양이는 올라가지 못하고 쳐다보기만 하였어요. 아기 고양이는 올라가고 싶은 마음이 너무 컸지만 올라가지 못하였어요. 과연 아기 고양이는 모래 산으로 올라갈 수 있을까요.

—

　나는 처음에 모래놀이 상자를 고양이 중심으로 하려다가 말을 중심으로 두었다. 나는 말이 모래 산에 한달음에 올라가는 것을 가장 의미 있는 장면으로 생각하였다. 강아지와 하얀색 고양이, 그리고 사슴은 모두 말을 쳐다보고 있다. 이들 동물들은 모두 그러한 말을 모두 동경하였다. 팬더는 아기 고양이 친구였다. 아기 고양이도 말을 동경하였고 모래 산에 올라가고 싶은 마음이 너무 컸지만 올라가지 못하였다. 팬더는 아기 고양이가 불쌍해 보였지만 그냥 가만히 보기만 하였다. 팬더는 이 상황을 그저 멀리서 보고만 있었다. 팬더는 말처럼 모래 산에 올라가려 하지도 않고 친구들에게 속하려고 하지도 않았다. 연구자 선생님은 아직은 이 모래놀이 상자가 무엇을 의미하는지 알 수 없을 것이라고 말하면서 모래놀이를 이어 가라고 하셨다. 난 바로 두 번째 이야기를 꾸며 나갔다. 나는 아기 고양이가 모래 산에 올라갈 수 있기를 바랐다. 나의 이야기는 이러하였다.

아기 고양이는 너무 올라가고 싶었지만 혼자 힘으로는 힘들었어요. 그래서 옆집 진돗개 아저씨를 찾아갔어요. "진돗개 아저씨, 나를 모래 산으로 데려다 줄 수 있을까요?" 아기 고양이의 부탁에 진돗개 아저씨는 아기 고양이를 등에 태우고 길을 나섰어요. 그 모습을 본 양 아줌마가 혀를 차면서 걱정하였고 사슴 아가씨도 걱정하는 눈치였지만 다시 자기 집으로 돌아갔어요. 팬더 친구는 해바라기 나무 위에 올라가는 것도 어려운데 어떻게 모래 산으로 올라가느냐면서 모퉁이에 앉아 아기 고양이와 진돗개 아저씨를 지켜봤어요. 사실 팬더 친구는 해바라기에 올라갔다가 한 번 떨어진 일이 있어 다시는 해바라기에 올라가지 않아요. 진돗개 아저씨는 처음에는 힘겨웠지만 금방 모래 산으로 올라갔어요. 그리고 뒤따라 아들 고양이도 모래 산으로 올라갔어요. 말 아저씨와 말 아줌마는 그들을 보고 대견해하였어요.

—

  아직은 나의 이야기가 무엇을 의미하는지 잘 모르겠다. 아기 고양이와 팬더, 그리고 말은 나에게 가장 중심적인 캐릭터였다. 이들 세 캐릭터가 나의 세 가지 모습일 수도 있을 것 같았다. 언제쯤이면 나 자신의 실제 모습을 바로 직면하게 될지 기대된다.

수선화의 두 번째 이야기: 사각형 마을

—　　　두 번째 모래놀이를 하였다. 나는 내면의 나와 직면하고 싶은 마음으로 모래놀이를 시작하였다. 피겨가 있는 방으로 갔다. 오늘은 나에게 말이 가장 인상적이었다. 그래서 방에서 말을 가장 많이 가져왔다. 그리고 사슴, 쥐, 고양이, 멍멍이 등의 피겨들을 한두 개씩 가져왔다. 나는 동물 마을을 만들고 싶었다. 나의 이야기는 이러하였다.

동물 마을은 사각형 모양이에요. 조금도 흐트러짐 없이 정사각형 모양으로 만들어져 있어요. 그 마을 주변에는 마을 모양을 따라 흐르는 개울이 있어요. 사각형 마을에서 사는 동물들은 그 개울을 건넌 적이 없었어요. 엄마, 아빠, 오빠 고양이와 아기 고양이 가족, 양, 말 가족(얼룩말과 당나귀), 사슴 부부, 쥐 친구, 젖소 아

줌마, 강아지 아저씨들, 아기 강아지 그리고 수달 아저씨가 살아요. 너무 좁지만
개울 밖으로 나가지 않고 옹기종기 모여 살아요. 개울 밖에는 말 가족들이 사는
데, 말 가족들은 개울을 그냥 아무 거리낌 없이 건너지요. 사각형 마을 동물들은
'왜 저러지?'라고 생각해요. 그러나 아기 고양이는 진돗개 아저씨 등 위에서 말
가족들을 쳐다보았어요.

—

　나는 정사각형 마을을 만들고 싶었었다. 처음에는 모서리에서 선이 나오
고 네모가 위로 올라온 것으로 만들려고 하였었다. 나는 정육면체를 펼칠
때를 상상하였고 정사각형 마을이 솟아오른 것으로 상상하였다. 그러나 이
모래놀이는 정육면체를 활짝 펼쳐서 납작하게 된 상태이다. 가장 먼저 놓았
던 피겨인 말은 모두 사각형 마을의 바깥에서 살고 있다. 그러한 말들이 15
마리 정도가 되었고 사각형 마을의 바깥 공간을 가득 차지하였다. 사각형
마을의 안쪽에는 엄마·아빠·오빠 고양이와 아기 고양이 가족, 양, 말 가족
(얼룩말과 당나귀), 사슴 부부, 쥐 친구, 젖소 아줌마, 강아지 아저씨 등 암
캉아지와 수캉아지가 살고 있다. 그런데 사각형 마을 안쪽의 동물들은 그
사각형에서 벗어날 수 없었다. 그 동물들은 사각형 마을에서 나갈 수 없었
고, 사각형 마을의 바깥에서 살고 있는 말들을 만날 수가 없었다. 하지만
말들은 전혀 사각형 마을의 경계에 개의치 않고 자유롭게 사각형 테두리를
넘나들었다.
　팬더는 여전히 모래상자의 테두리에 앉아 있다. 오늘 모래놀이에서 제일
마지막에 팬더와 해바라기를 놓았다. 처음에는 팬더를 넣을 생각이 없었다.
나는 높은 곳에서 지켜만 보는 팬더 이야기를 다 끝내 놓고서 팬더를 저 위
에 가져다 놓았다. 팬더를 상자 안에 넣을까 말까 고민하다 넣지 않기로 하
였다. 이 팬더는 지금 사각형 마을에서 동물들이 살아가는 모습을 담담하고
객관적인 입장으로만 저 멀리서 바라보고 있다. 나는 곧 이야기를 이어 나갔
다. 나는 동물 가족들이 서로 마주보는 것을 상상하며 이야기를 꾸며 나갔

다. 나의 이야기는 이러하였다.

어느 날, 개울 밖에 있던 말 가족들은 자신의 진짜 가족들끼리 모였어요. 한 무리
로 보였지만 그 무리 안에서도 각자의 가족은 있었어요. 흰 꼬리 말 가족, 갈색
경주마 부부, 동근 꼬리 부부, 얼룩 망아지와 엄마 말, 장난치기 좋아하는 어린
말 부부까지. 그들은 얼굴을 맞대고 서로를 바라보며 행복하였어요. 사각형 마을
안에 있는 가족들도 서로를 쳐다보았지요. 어느 순간 엄마를 떠났던 아기 양이
엄마 곁으로 돌아왔고, 엄마 쥐와 아기 쥐도 만났어요. 사슴 부부도 서로를 바라
보았고 소 부부도 서로를 사랑스럽게 바라보았지요.

―

    여기에서 팬더의 위치가 조금 바뀌었지만 팬더는 바로 전과 같이 모래놀이
상자의 테두리에 앉아 모래놀이 상자의 안쪽에서 가족들이 만나는 모습을
객관적인 입장으로 바라보고 있다. 그러나 나의 모래상자에서 표출하는 분
위기는 바로 전의 모래놀이의 분위기와는 크게 달랐다. 새끼 양도 어디에 나
갔었다가 돌아왔고, 새끼 쥐도 엄마가 없었는데 엄마가 외출했다가 돌아왔

다. 그리고 사슴 남편도 돌아왔다. 말 가족은 서로를 마주보고 있었다. 말들은 하나의 무리였고, 자기네들 가족끼리 모여 얘기도 하고 뽀뽀도 하고 있었다. 이처럼 동물들이 서로 자기의 가족을 만나서 반기고 있어서 분위기가 화기애애하였다.

연구자 선생님은 나의 모래놀이 상자를 보시고 역동적인 분위가 만들어지고 있다는 의견을 말씀하셨다. "말하자면 이 팬더가 정말 객관적인 입장으로 풍경을 바라보고 있는 것처럼 각각이 객체로만 있었던 상자에서 갑자기 대화가 생기고 주고받는 어떤 관계가 생기고 역동이 생기고 있네요. 여전히 가운데 네모는 그대로 유지를 하지만, 안과 밖에서 관계가 형성되면서 역동이 생기고 있네요."

그러나 모래놀이에 강아지 가족과 고양이 가족의 이야기는 빠져 있었다. 강아지와 고양이는 다른 동물들의 가족을 쳐다보고만 있었다. 나는 이들 가족의 이야기도 만들고 싶었지만 마땅한 스토리를 생각해 낼 수 없었다. 내가 왜 그들 가족의 이야기만 만들기 어려웠는지 그 이유를 알 수가 없었다.

오늘로서 2회기 모래놀이가 끝났다. 그러나 나는 아직도 뭐가 뭔지 잘 모르겠다. 하지만 지난주 1회기 모래놀이를 마치고 그날 저녁 왠지 모르게 이상한 꿈들도 많이 꾸게 되었다. 한 주 동안 마음이 조금 복잡하였었다. 그래서 오늘 모래놀이는 마음을 비우고 생각나는 대로 하고자 하였는데 잘되지 않은 것 같았다. 하지만 점점 더 나 자신과 마주볼 때가 기다려졌다.

수선화의 세 번째 이야기: 경주

━ 나의 모래놀이는 점점 더 역동적이게 되었다. 에너지가 넘쳐흘렀다. 나는 말들이 자유롭게 활동하는 모습을 상상하였다. 오늘도 피겨 방에 가서 제일 먼저 말을 손에 잡았다. 한 마리의 말이 아니라 한꺼번에 10마리 정도를 가져왔다. 나는 이들 말들이 각자 경기를 하는 모습을 상상하면서 이야기를 꾸몄다. 오늘 이야기의 제목은 '경주'로 정하였고, 나의 이야기는 이러하였다.

히힝~ 히힝~ 푸쉬쉬! 말들이 경주를 준비하고 있어요. 숨을 거칠게 쉬며 앞발을 들어올리는 선수도 있고, 뒷발로 모래를 차며 빨리 달리고 싶어 안달난 선수도 있어요. 모든 말이 팬더 심판의 손만 지켜보고 있어요. 드디어 팬더 심판이 한쪽 팔을 들어올렸습니다.

여기서 팬더는 가장 나중에 놓은 피겨였다. 오늘의 모래놀이에도 팬더가 등장하고 있다. 그러나 방관자였던 팬더는 모래놀이 이야기에서 하나의 참여자가 되어 등장하였다. 말들이 경주하는 모습을 상상하다가 심판이 있어야 한다고 생각했는데 팬더가 적당하다고 생각하였다. 팬더는 한 손을 들고 있는데, 이는 심판이 경기의 시작을 알리는 모습과 많이 비슷하였다. 그런데 말의 피겨들을 보니 어떤 말들은 고개를 왼쪽으로 돌리고 있었고 다른 말들은 반대쪽을 보고 있었다. 그래서 나는 모래상자 위에서 중간으로 나누어 왼쪽을 보고 있는 말들은 오른쪽에 놓았고 반대로 보고 있는 말들은 왼쪽 위에 위치시켰다. 이렇게 두 부류의 말들이 양쪽에서 경기를 하고 있는 모습이었고, 팬더는 양쪽 모두의 심판 역할을 해야 해서 모래놀이 테두리의 제일 중간에 놓았다. 나는 팬더를 정확히 중간에 놓기 위해서 자를 가져와서 길이를 재기도 하였었다.

연구자 선생님은 나의 모래놀이를 보고 내가 무의식적으로 어디에 신경을 쓰고 있느냐고 물어보셨다. 나는 경주를 막 시작하려는 상황이라 말들은 팬더의 손짓을 바라보고 있고, 팬더도 말들을 바라보고 있다고 말하였다. 말들이 팬더 심판을 바라보는 이유는 팬더가 출발 신호로 '땅!' 하며 손을 내리면 빨리 출발할 수 있기 때문이었다.

오늘의 이야기를 보고서 연구자 선생님은 내가 말의 피겨에 많은 관심을 보이고 있다고 하셨다. 자신도 말의 고개가 절묘하게 돌려져 있는 것을 몰랐다고 하셨다. 그러면서 지금 모래놀이는 양쪽의 말들이 서로 대극을 이루고 있고, 출발 직전이라 곧 엄청난 에너지가 나올 것 같다고 말씀하셨다. 연구자 선생님 말씀처럼 경기가 시작되면 말들은 모랫바람을 일으키면서 힘차게 달려 나갈 것이다. 같이 모래놀이를 하는 선생님이 나에게 피드백을 주었다. 그 선생님은 말도, 팬더도 바라보는 것이 지난 회기 때 했던 심리검사인 만다라에서 나온 특징과 연결되는 것 같다며 이렇게 말하였다. "이렇게 모두가 팬더를 바라보고 있어요. 만다라에서도 선생님은 눈과 코, 입 중에서 눈을 가장 강조하였어요. 뭔가 시선을 중요하게 생각하는 거 같아요. 그리고 팬더가 선생님을 나타내는 것 같아요. 선생님은 객관적으로 보고 있다가 좀 좋지도 않고 싫지도 않다, 그렇게 말을 했죠. 여기서 팬더는 세상일에 개입 하지는 않고 그냥 지켜보고 있는 그런 것처럼 보이지만 모든 말들이 팬더를 바로 보고 있잖아요. 그 전에 팬더는 조용히 있기만 하였고 '그냥 좋은 게 좋은 거야'라며 방관자처럼 지냈다면 이제는 조금 더 자신의 맘을 내비치고 싶고, 약간 참여하고 싶어진 것이 아닐까 합니다."

나는 맨 처음에는 오른쪽의 말들을 모래상자 위에 먼저 놓았지만 왼쪽 편에 있는 말들에게 관심이 갔다. 그러나 왼쪽 편에 있는 말들은 빨리 달리기에는 부족해 보이고 왜소해 보였다. 내가 그 말들이 이기기를 바랐다면 강해 보이는 말들을 골라 놓았을 것이다. 아마 왼쪽의 말들을 내가 지지하는 것을 보니 나에게 좀 특별한 말들일 것 같았다. 하지만 이들 양쪽의 말들은 모두 각자 경쟁하고 있어 팀이라고 보기도 어렵다. 이들은 팀이 아니라 하나하나 경쟁하고 있다.

그런데 왼쪽 말에는 오른쪽의 말보다 한 마리가 더 많다. 나는 왼쪽 편에 오른쪽의 말들보다 한 마리의 말을 더 놓았다. 그 말은 다른 말들보다 작고 색깔도 황금빛이 났는데, 다른 말보다 능력이 월등히 뛰어난 에이스 말이었다. 몸집은 작지만 다른 말들이 가지지 않은 특별한 능력을 가지고 있어서 모두의 눈에 잘 드러나는 말이었다. 아무튼 이 말은 특별하기 때문에 심심하지 않은 말이었다.

나는 그 말을 보며 만화에 나오는 포켓몬스터라고 상상하였다. "만화에서 보면 기존에 1, 2, 3단계로 진화를 하잖아요. 이 말은 1단계에서 2단계로 진화할 때 벌써 날 수도 있고, 불로 공격도 할 수 있고, 되게 빠르게 달릴 수도 있어요. 그래서 이 말은 다른 말들과는 다르고 평범한 말이 아니에요." 나는 곧 두 번째 이야기를 이어 나갔다. 팬더가 손을 내리고 '준비~ 땅!'이라고 출발 신호를 알리는 순간의 모습이다. 말들은 팬더가 손을 내리는 걸 보자마자 힘차게 출발하고 있어 공중에 떠 있는 상태같이 보였다. 그리고 특별한 능력을 가진 에이스 말은 혼자서 찰나에 저 멀리까지 날아갔다. 나는 이 말을 홍마라고 불렀다. 나의 이야기는 이러하였다.

팬더 심판이 손을 내리는 찰나 홍마는 하늘을 날아서 눈 깜짝할 새도 아닌 아주 찰
나의 순간에 레일을 지나 경기장 위로 날아갔어요. 다른 말들은 아직도 심판의 손
만 쳐다보고 있는데 말이죠. 다른 말들에게 1초는 홍마에게 10시간과도 같았어요.

━

　홍마는 초월적인 능력을 가지고 있어 다른 말들과 비교할 수 없는 말이었
다. 홍마는 그 짧은 순간에 저 멀리 날아갔고 저기 멀리서 지금 시간이 멈춘
것처럼 다른 말들이 움직이는 모습을 달관한 듯이 지켜보고 있었다. 오늘의
모래놀이를 보고 동료교사들은 모두 신기하다고 하였다. 나는 내가 이렇게
하면서도 무엇이 신기하다는 것인지 잘 모르겠다. 아직도 모래놀이에 나의
무엇이 담겨지고 있는지 잘 모르겠다. 하지만 나는 오늘의 모래놀이를 하고
나서 한 가지 확실하게 느낀 것이 있다. 내가 나 자신과 나의 주변 사람들
모두에게 솔직해져야겠다는 확신이 드는 것이다.

수선화의 네 번째 이야기: 방주, 나를 따라오라

▬   지난주 모래놀이에서는 홍마가 있어서 마음이 편안했었다. 홍마는 나를 지지해 주는 것 같았다. 팬더는 그런 홍마를 보고서 힘을 얻었다. 어쩌면 팬더는 홍마와 같은 에이스 말과 친구가 되고 싶었다. 팬더는 이제 힘을 얻었다. 나는 지금까지 객관적으로 바라보기만 해 오던 팬더에게 좀 더 힘을 가진 역할을 주고 싶었다. 나는 팬더가 세상에 희망을 주려고 노력하는 모습을 상상하면서 모래놀이를 꾸며 나갔다. 여기에 맞는 피겨를 찾다가 지난 주말에 친구와 나눈 노아의 방주 이야기가 생각이 났다. 마침 선반에 있는 배가 보였다. 오늘은 제일 먼저 배를 가져왔다. 마찬가지로 팬더와 말 모양 피겨들을 가지고 왔다. 나의 이야기는 이러하였다.

세상이 물에 잠기고 땅에 살아있는 생물들은 거의 남지 않았어요. 그런데 어느 날 높은 산꼭대기에 뭍이 드러나고 그 위에는 어느 순간 큰 배 한 척이 나타났어요. 나를 따라오라는 팬더 선장의 말과 함께 절망에 빠졌던 동물들은 각자 짝을 지어 방주 위로 올라갔어요. 배에 꽂혀 있는 나무 잎사귀는 그 방주에 올라타면 생명이 자랄 수 있다는 희망을 주었지요. 열심히 산으로 올라가보니 희망을 찾으려는 동물들이 많이 모여 있어요. 팬더의 눈에는 왠지 모를 희망이 가득 찼어요.

　나는 동물들을 다 태울 수 있는 큰 배를 놓고 싶었다. 그러나 그럴 수는 없을 것 같았다. 그래서 배를 산꼭대기 위에 올려놓았다. 그 배에는 커플들이 타려고 하였다. 남녀도 있고 아이와 엄마도 있다. 모두 자기의 짝을 지어서 방주로 올라가려고 하고 있다. 팬더 선장은 더 많은 동물들과 생명들을 배에 태우려고 손을 흔들고 있다. 그리고 팬더 뒤에는 커다란 나무 잎사귀 피겨를 놓았다. 세상이 물에 다 잠기다 보니까 나무나 풀들이 자랄 수가 없었다. 동물들은 이제 풀들이나 이런 걸 볼 수가 없었고 희망을 잃고 있었다. 세상이 다 물에 잠겼다. 높은 산들도 다 물 속에 잠겼다. 세상의 모든 생명체들은 죽은 상태였다. 물에 잠겨서 일촉즉발의 위기 상황이었고 위태로운 순간이었다.

　마침 망망대해에 아주 조그마하게 섬 같은 것이 있었다. 아주 높은 산이 있었는데 그 산의 꼭대기가 아직 살짝 드러나 있었다. 그네들은 그 산꼭대기를 발견 못하였다면 하루도 가지 못해 모두 죽을 상황이었다. 그런데 산꼭대기에서 물이 내려오면서 작은 배가 보였다. 그들은 그것을 보고 거기에 올라가면 살 수 있겠다는 생각을 하였다. 그래서 그들은 그 배에 올라가려고 엄청 노력하면서 열심히 산을 올라가고 있다. 여기에서 나는 제일 마지막에 나뭇잎 피겨를 사용하였다. 그들은 그 배에 타면 살수 있다는 희망을 품고서 배가 있는 산으로 올라갔다.

　팬더 선장은 더 많은 동물을 끌어올릴수록 왠지 모를 희망에 가득 찼다.

팬더는 더 많은 동물들을 모으고 싶었지만, 더 놓을 수 있는 공간이 없었다. 그런데 여기에서 보면 팬더는 말을 유난히 많이 모으고 있다. 나는 모든 동물들을 산으로 끌어올리고 싶다고 말하였지만 모래놀이 상자에는 말의 종류가 가장 많았다. 연구자 선생님은 이런 모래놀이 상자를 보시고 굳이 말은 꽉 채워 놓고서 다른 동물들을 데려갈 수 없다고 말한 것을 보면 내가 말을 무척 좋아하는 것 같다고 하셨다. 그러시면서 말이 가지고 있는 의미를 궁금해하셨다. 나에게 말은 힘이고, 살아 있는 것 같고 역동적인 의미를 가지고 있었다. 어디든지 달려갈 수 있는 자유이기도 하였다.

연구자 선생님은 이 배가 어디로 갈 거 같은 생각이 드는지 물으셨다. 나는 "이 배는 쟤네들을 다 태워서 이 세상이 아닌 다른 곳으로 갈 거예요. 왜냐하면 이 세상이 지금 물에 잠겼고, 이제 더 이상 살 수가 없으니까 쟤네를 다 태우고 팬더 선장이 평화롭게 살 수 있는 다른 세상으로 쟤네를 데리고 갈 거예요."라고 말하였다. 지난 회기까지 팬더는 방관자였다. 팬더는 강 건너 불 바라보듯이 있었다.

사실 팬더는 세상을 감시자처럼 계속 지켜보고만 있었다. 말들이 잘하는지 못하는지 지켜보고 있었다. 팬더는 시간이 가면 갈수록, 지켜보면 볼수록 쟤네들이 저렇게 살면 안 된다며 이제는 자신이 나서야겠다고 생각하였다. 그런데 오늘 모래놀이에서 팬더는 세상을 구하고 있다. 팬더는 세상이 망하는 것을 보고 가만히 있을 수가 없었다. 팬더가 보는 세상은 경쟁을 하다가 모두 물속에 빠진 듯 지쳐 있었다. 팬더는 그들을 보는 것이 마음이 아팠다. 말들이 행복할 수 있는데 절망적인 상황이 된 것을 보고 팬더는 도와줘야겠다는 마음으로 돌아왔다. 이제 팬더는 방주의 선장이 되었고 많은 동물과 사람들을 구하고 있다. 나는 계속 이야기를 이어 갔다. 나는 피겨 방에 가서 더 큰 배를 나타내기 위해 바구니 하나를 가져왔다. 그리고 망망대해, 즉 아주 넓은 바다를 나타내고 싶어서 상자의 모래를 모두 파냈다. 작은 배를 빼고 대신에 큰 바구니를 놓고 그 안에 팬더와 말, 나뭇잎 등을 그대로 모두 넣었다. 그러고 나서 나는 제목을 '떠나자'로 바꾸었다. 나의 이야기는 이러하였다.

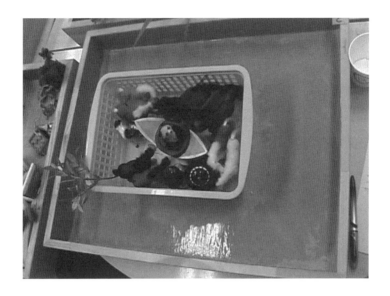

팬더 선장은 모든 생물들을 배에 태웠어요. 배가 비좁아졌고 불편하였지만 모두들 개의치 않았어요. 희망에 가득 찬 생물들. 그리고 그 희망에 덧붙여 결의와 기쁨이 가득 찬 팬더 선장. 그들은 이제 배를 타고 떠납니다. 종착지가 어디가 될지 아무도 몰라요. 하지만 한 가지는 알아요. 더 크고 행복한 세상이 그들을 기다리고 있다는 것을요. 두렵지 않고 두근거리는 마음을 누른 채 팬더 선장과 동물들은 길을 떠납니다.

—

　나는 배에 모든 동물을 태우고 싶었고, 모두 태웠다는 느낌을 주고 싶어서 큰 바구니를 놓게 되었다. 바구니는 모두를 새로운 희망의 세상으로 인도해 주는 아주 큰 배였다. 나는 이런 큰 배에 모두를 태우고 가는 팬더 선장을 상상하였다. 잎사귀는 높은 곳에서 희망의 배를 알리는 깃발이 되었다. 잎사귀 깃발은 펄럭펄럭 날렸다. 배 안이 많이 좁았지만 모두들 개의치 않고 희망에 가득 차 있었다. 팬더는 모두를 살리겠다는 책임감과 결의로 두근거리는 마음을 누른 채 출발하였다. 팬더는 이처럼 방관자에서 적극적인 인도자가 되었다. 연구자 선생님은 팬더가 변화된 것을 보고서 나의 무의식이 움직이는 것 같다고 하셨다. 그러나 팬더가 나라는 생각은 들지 않았다. 같이 하는 참여하는 교사들도 팬더가 나라고 생각한다고 하였다. 하지만 나는 이 팬더가 나라고 생각하지 않았다.

내가 생각하기에는 팬더에게는 나와 같은 모습은 없는 것 같았다. 특히 오늘 모래놀이에서처럼, 내가 아직 나 자신을 몰라서 그럴 수도 있지만, 모든 생명들을 이끌어 가는 주도적인 팬더는 내가 아는 나의 모습과는 전혀 달랐다. 하지만 팬더가 모두를 감싸 안고 포용하고 허물을 덮어 준다거나 눈감아 주는 그런 모습은 나와 비슷한 것 같았다. 그러나 분명히 팬더처럼 모두를 이끌어 나가는 적극적이고 주도적인 모습은 나에게 없다.

그리고 말들은 역동적으로 막 달리고 앞으로 뛰어나가려고 하는 그런 추진력과 같은 상징을 가지고 있다고 하는데, 나에게는 그런면도 없는 것 같다. 나는 사람들과의 관계에서 뭔가에 많이 눌려 있다는 느낌을 주로 받고는 있지만 나의 내면에서 말들처럼 달리고 싶어 하거나 뛰쳐나가고 싶은지는 잘 모르겠다. 연구자 선생님은 "억지로 자신을 어디다 끼워 맞추려고 할 필요도 없고, 억지로 상징에 매달릴 이유도 없어요. 이제 내가 원하든 원치 않든 알아서 가게 돼요. 알아차리게 돼요. 보통 5회기가 되면 자신을 조금씩 알아차리게 되고 그 다음부터는 자기 이야기를 계속하게 되지요."라고 말씀하셨다.

이렇게 모래놀이에 놓인 피겨들이 무엇을 의미하는지 여전히 잘 모르겠지만, 나도 팬더나 말을 왜 모래놀이에 꼭 등장시키는지는 점점 더 궁금해지고 있다. 하지만 내 마음이 시원해지고 막혔던 가슴이 트인다는 기분이 들었다. 분명히 하루하루 내 마음이 편해지고 있었다.

수선화의 다섯 번째 이야기: 드디어 도착!

━   나는 또다시 불안해졌고 피곤해지기 시작하였다. 오늘도 피겨 방에 갔다. 나는 바구니 대신에 큰 범선을 손에 잡았다. 나는 범선에 많은 동물들을 놓고 팬더 선장을 놓았다. 나는 팬더 선장이 망망대해를 떠다니는 모습을 상상하면서 모래놀이를 꾸몄다. 나의 이야기는 이러하였다.

팬더 선장의 배는 하염없이 떠다녔어요. 이리 휘청, 저리 휘청. 정처 없이 떠돌았지만 그들에게는 희망이 있었어요. 그리고 마침내 배 꼭대기에 올라 멀리 응시하던 팬더 선장이 소리쳤어요. "땅이야! 땅이야 얘들아! 정말 저 아득한 곳에 땅이 보이고 있어." 얼마 가지 않아 배가 육지 가까이 닿았습니다. 육지에 가까워져 물이 얕아지자 말들은 주저 없이 물속으로 뛰어들어 육지로 달려갑니다. 그 희망의 땅에는 새롭게 태어난 새 생명들과 아름다운 꽃, 그리고 멋지고 아늑한 집이 그들을 기다리고 있었지요.

팬더는 방관자에서 세상을 구하는 선장이 되었다. 모두를 태운 배의 선장인 팬더는 드디어 육지를 발견하였다. 팬더 선장이 아직 닻을 내리기도 전에 말들은 배에서 뛰쳐나왔다. 말들은 배가 육지에 가까워질수록 물이 얕아지자 뛰쳐나갔다. 말들은 배 속에만 있었기 때문에 너무 답답해서 더 이상은 참을 수가 없었던 것이다. 그러니까 말들은 너무 오랫동안 배 안에서만 있어서 뛰지도 못하고 달리지도 못하였는데 마음껏 뛸 수 있는 땅을 보니까 너무 기뻐서 도착하기도 전에 뛰어내려 달려간 것이다. 말들은 육지에 있는 집들도 구경하였다. 말들은 그냥 무작정 달리고 싶었다. 그냥 자기들의 자유로움을 느끼고 싶어서 달렸다. 너무나 달리고 싶어서 땅이 그리웠다. 배에 타고 있던 모든 생물들은 드디어 육지에 도착하여 기뻐하고 있다. 육지에 내려와 보니 큰 집도 있고 새들도 있었다. 그들은 그 세계가 새로운 세계 같았다. 그들에게 그 세계는 살아갈 수 있는 세계이고 유토피아라고 생각하였다. 연구자 선생님은 나의 이야기를 듣고 이런 의견을 주셨다. "지금 여기 새로운 세계가 나타났습니다. 어쩌면 지금 새로운 자기 내면을 의식하기 시작하는 것일 수 있어요." 나는 계속해서 이야기를 이어 나갔다.

새로운 세계는 정말 아름다웠어요. 아, 꼭 방주에 탄 생명들을 위해 준비된 것 같
은 모든 것들이 그들을 반겨 주었고 생명들은 그 자유와 평안함을 만끽하며 행
복 안에 푹 잠겼어요. 그런데 생명들이 그 평안함을 느끼던 어느 날 팬더 선장은
배를 돌려 뒤돌아 떠납니다. 새로운 세계에서 새로운 삶을 살게 된 생명들은 뒤
돌아가는 팬더 선장에게 모두 고개 숙여 인사를 합니다. 안녕! 팬더 선장. 고마워
요. 아주 많이 고마워요.

－

　나는 이 이야기의 제목을 '안녕'이라고 붙였다. 모든 생명들이 새로운 세
계에서 행복을 만끽하고 있다. 희망이 가득하였고 여기서 살아갈 동물들 역
시 자기의 삶을 기대하고 있었다. 하지만 그들은 팬더와 아쉽게 헤어지고 있
다. 팬더는 더 큰 희망을 품고서 아쉬움을 뒤로한 채 떠난다. 팬더는 다른
세계에서 힘들게 살아가는 동물들을 찾아서 떠나려고 한다. 팬더는 또다시
힘든 여행을 하는 인도자를 자처하였다. 팬더는 더 큰 사명감을 가지고 있
었다.

　육지에 도착한 동물들은 떠나려는 팬더가 너무 아쉬웠다. 팬더는 그러한
것을 뒤로한 채 분명히 다른 도움을 필요로 하는 생명들이 있다고 믿었고 희
망차게 그들을 찾아서 떠나려 하고 있다. 팬더도 다시 새로운 사람들을 만
날 수 있을 거라는 기대감에 행복하였다. 나는 나의 모래놀이 상자를 보고
서 너무 행복해서 그 세상에 푹 잠겼다. 우리에게 행복함을 안겨 주는 팬더
가 다시 돌아가니까 너무 아쉬우면서도 너무 고마웠다. 연구자 선생님은 내
가 팬더인지 물으셨다. 나는 스스로 생각하기에 내가 팬더는 아닌 것 같았
다. 그렇게 말씀드리자 연구자 선생님은 이 모래상자에서 나는 어디에 있는
지 한 번 더 물으셨다. 나는 갑자기 모래놀이 상자를 자세히 보았다. 내가
어디에 있는지 잘 보이지 않았다. 나는 팬더도 아니고 말도 아니고 다른 동
물들도 아닌 것 같았다. 나는 팬더가 이끄는 배를 타고 온 동물들 중에 있
지 않은 것 같았다. 나는 원래 여기 육지에 살고 있었던 것 같았다. 나는 팬

더가 데려온 동물들을 여기서 맞이하고 있는 것 같았다.

그러나 나는 내 모습을 드러내고 있지 않았다. 아마 집 안에 내가 있기는 한 것 같다. 그러나 나는 아직 '누가 왔네!'라고 반기며 집 밖으로 나가지 않고 있는 것 같다. 왜냐하면 새로운 사람과 동물들이라 낯설었기 때문이다. 이렇게 말하자 연구자 선생님은 나의 평소 성격과 어떤 관련이 있는지 물으셨다. 사실 나는 겉으로는 반갑게 대하지만 마음속으로는 사람들이 굉장히 낯설었다. 겉으로는 사람들과 친하게 보이고 살갑게 대해 주지만 나는 사람들과 친해지기가 힘들었다. 새로운 사람과 상황에 기대는 되었지만 나는 선뜻 나오지 못하고 있었다.

오늘로서 5회기가 끝났다. 오늘은 마음이 후련하고 시원하였다. 아직 나의 모습이 어떠한지 드러나지 않아 내면을 정확히 모르겠지만, 오늘은 나의 마음을 좀 더 솔직히 드러낸 것 같았다. 마음이 개운하였다. 묻혀 있던 마음속의 감정이 드러난 것 같아 마음이 편해졌다.

수선화의 여섯 번째 이야기: 새로운 곳을 향해 떠나는 팬더

━　　나는 오늘도 팬더가 세상을 구하는 이야기를 이어 갔다. 나는 제일
먼저 등대 피겨를 놓았다. 나의 이야기는 이러하였다.

팬더 선장은 아쉬운 마음을 뒤로한 채 길을 떠납니다. 그런데 다 내린 줄 알았던
생명들 중에서 흰 말 한 마리가 배에 타고 있었네요. 흰 말은 팬더 선장이 외롭고
지칠 때 옆을 지켜 주는 조력자가 되었어요. 아무것도 없는 망망대해 가운데 캄
캄한 바닷가 저 먼 곳에서 밝은 빛이 보이기 시작합니다. 아, 등대였네요. 그 등
대는 팬더 선장의 배가 어디로 갈지 알려 주는 길잡이 등대였지요. 어디선가 힘
들어하는 그 누군가가 있는 주변에 빛을 비춰 길을 안내하는 멋진 등대. 팬더 선
장의 배는 그 끝없이 펼쳐진 바다 위 한 길로 비춰 주는 그 빛을 따라 새로운 곳
을 향해 기쁜 마음으로 떠납니다.

팬더도 떠나는 것이 쉽지 않았다. 그러나 팬더와 함께하는 흰 말이 등장하였다. 이 말은 왜 배에서 내리지 않았는지 모르지만 팬더와 함께 여행을 떠났다. 그리고 망망대해로 떠나가는 팬더는 먼 곳 등대에서 흘러나오는 불빛을 발견하였다. 등대는 바다 한가운데에서 팬더에게 가야 할 길을 안내해 주기 위해 빛을 비춰 주고 있었다. 팬더는 이 불빛을 보고서 희망을 가지게 된다. 등대가 빛으로 안내해 주지 않았다면 팬더는 먼 길을 돌아서 가야 하였을 것이다.

그리고 모래놀이 상자에 팬더의 배를 따라오는 물고기 한 마리를 제일 마지막으로 놓았다. 글쓰기에는 물고기가 배를 따라 간다는 내용을 넣지 못하였지만, 팬더는 자기를 따라오는 고기를 발견하고 내가 지금 항해를 잘하고 있다는 생각이 들었다. 팬더는 그 물고기를 보고서 굉장히 신비롭고 멋지다고 생각하였다. 그 물고기는 팬더가 출항할 때부터 있었던 것이 아니라 항해 중에 나타난 것이었다. 팬더가 떠난 후에 멀리서 따라왔다. 팬더에게 물고기는 신비롭고 좋은 존재였으며 미래를 알려 주는 좋은 징조였다.

연구자 선생님은 나에게 팬더 선장이 느끼는 감정이 어떤 것인지 물으셨다. 팬더 선장은 배의 선장이기 때문에 항상 배의 꼭대기 높은 곳에서 주변을 다 둘러봐야 하니까 바로 뒤를 잘 볼 수 없었다. 그런데 자세히 보니 꼭대기에 있는 팬더는 등대도 보이고 물고기도 자기를 따라오는 것을 보면서 미래에 대한 기대가 커졌다. 가슴이 두근거렸다. 자기를 돕는 조력자까지 생겨서 기뻤고 마음이 든든하였다.

나의 이런 말에 연구자 선생님은 "아까 사진 찍을 때는 말이 중요한 거라고 찍었어요. 그런데도 말에 대해서는 별로 설명하지 않았어요. 그리고 그 모든 말들 중에서 유난히 흰 말에 관심을 두었어요. 그동안 보지 못하던 아주 성스러운 물고기도 있고. 거기다 또 방향까지 비춰 주고 있는 등대도 나타났어요. 조력자를 많이 만난 거예요."라고 말씀해 주셨다. 이러한 이야기를 나눈 뒤에 나는 이번에는 '정착'이라고 제목을 붙였다. 나의 이야기는 이러하였다.

깨끗한 바다. 그림 같은 바닷가에 작은 집이 보입니다. 팬더 선장은 어느 한적하고 아름다운 작은 바닷가 마을에 도착하였어요. 등대가 가리킨 곳은 다름 아닌 팬더 선장이 행복해질 수 있는 곳이었지요. 해바라기, 파란 들꽃, 하늘하늘 날리는 흰 꽃들이 펼쳐진 그 곳에는 마치 준비되어 있었다는 듯이 모든 것이 팬더 선장이 좋아할 만한 것들로 가득 채워져 있었어요. 선장은 배에서 내려 닻을 내렸어요. 그리고 백마의 등에 훌쩍 올라탔습니다. 그리고 철썩이는 파도 소리를 들으며 천천히 아주 천천히 바닷가를 거닐었지요.

—

　팬더는 너무 편안하고 여유로웠다. 나는 여러 가지 모양의 집들 중에서 풍차가 있는 집을 놓았는데 그 풍차 아래에 WELCOME이라고 적혀 있어서 그 피겨를 가져왔다. 나는 바람이 하늘하늘 불어 풍차가 돌아가는 평화로운 마을을 상상하며 희망에 가득 차 있었다. 나는 오늘까지 모래놀이를 하면서 이제야 모래놀이에 있는 피겨들이 누구를 상징하였었는지, 그리고 무슨 의미를 표현하고 있는지 조금씩 짐작이 갔다. 그러면서 나의 마음이 더욱 편안해지고 있는 것을 느꼈다. 다음 시간이 더욱 기대되었다.

수선화의 일곱 번째 이야기: 천국에 다다른 팬더 선장

━   팬더가 나의 모습일까. 나는 왜 이렇게 항상 팬더라는 피겨를 매번 사용하고 있을까. 오늘 모래놀이에서도 팬더가 나오는데, 팬더가 지쳐서 죽게 된다. 오늘은 피겨가 있는 방에 가기 전에 모래상자의 모래를 여러 번 매만져 보았다. 모래를 손으로 쥐었다가 쏟았다가 하기도 하였다. 나는 이렇게 모래를 오래 만지다가 피겨가 있는 방으로 갔다. 오늘은 그 많은 피겨 중에서 예수님 피겨가 눈에 들어왔다. 그래서 그 피겨를 제일 처음으로 모래상자의 모래 위에 놓았다. 나는 천국의 모습을 꾸며 나갔다. 나의 이야기는 이러하였다.

팬더 선장은 매우 아팠어요. 그리고 자신의 임무와 그 해결된 일들. 팬더 선장이 도움을 준 대상들에게 해 주었던 일에 대해서 다시금 되돌아보았어요. 과연 내가 잘해 온 것일까? 팬더 선장은 그들의 머릿속과 마음속을 들어가 볼 수 없었기 때문에 너무 답답하고 마음이 쓰려 왔어요. 그런 고민과 고민. 그 사이 팬더 선장은 몸과 마음이 병들어 갔어요. 팬더 선장이 누운 지 1년이 안 된 어느 겨울 날 팬더 선장은 침대에 몸을 눕힌 채 깨어나지 못하였어요. 팬더 선장의 영혼은 천국으로 갔습니다. 그곳에는 인자한 예수님과 노래하는 천사들. 그리고 걱정 없이 행복한 많은 영혼들이 그들의 영원한 행복을 기뻐하며 살아가고 있었어요. 팬더 선장의 눈에 그가 가장 좋아하였던 짧은 잔디 위 하얀 꽃도 보였어요. 팬더 선장은 그 잔디 위에 몸을 기댄 채 행복함의 표정과 그 기분들을 느끼며, 그 모든 행복을 마음속에 하나씩 하나씩 담았어요. 그리고 어느새 잠이 스르르 들었답니다.

—

지금까지는 팬더를 제일 먼저 놓았다면 오늘은 팬더를 제일 마지막에 놓았다. 나는 푹신푹신한 구름 위에 있는 천국을 표현하고 싶었다. 천국이라서 구름 위에서는 물이 없어도 물고기가 살 수 있었다. 낙타도 살아가고 있었다. 물속에 살고, 하늘에 살고, 땅에서 사는 생명들이 다 구름 위에서는 부족함 없이 살아가고 있었다. 지난번 모래놀이에서 팬더는 범선을 타고 모든 생명을 구하고서 육지에 정착하였었다. 팬더는 백마의 등에 타고서 파도 소리를 들으면서 너무 편안하고 여유로웠다. 그런데 여기에서 팬더는 죽어서 다시 천국으로 올라갔다. 연구자 선생님은 이 이야기가 무엇을 의미하느냐고 나에게 물으셨다. 나는 "조금 현실을 제대로 직면하지 못하는 거 같아요. 이제까지 피해 있다가 겨우 내려왔는데 다시 거기에 적응하지 못하고 죽은 거죠. 그래서 다시 걱정이 없는 위로 올라왔어요."라고 말하였다. 팬더는 현실에 적응하지 못해서 어쩔 수 없이 하늘로 피하였다. 현실에 적응하고 싶었지만 너무 적응하기 힘들어서 죽어 버린 것이었다.

팬더는 죽어 천국에 가서 예수님을 바라보며 위안을 찾을 수밖에 없었다.

예수님은 모래상자의 경계선 위에 서서 모래상자 안에 펼쳐진 천국의 전체 세상을 바라보고 있었다. 한 곳만 보는 게 아니고 천국 전체를 봐야 하고, 천국에 있는 식물 하나라도 어떻게 살고 있는지를 보셔야 되기 때문에 제일 높은 곳에 있었다. 팬더는 그런 예수님을 멀리서 바라보고 있다. 전에는 예수님의 자리에 팬더가 있었지만, 이제는 예수님이 그 자리에 있다. 팬더는 죽어서 예수님을 보게 되어서 다행이라고 생각하였다. 그리고 이제야 모든 힘든 것들이 끝났고 살았다고 생각하면서 팬더는 깊은 잠이 들었다. 예수님을 보고 마음이 너무 편안해져서 잠이 오고 있었다.

팬더는 이제 여기 천국에서 영원히 행복하게 살게 되었다. 그리고 팬더는 예수님을 바라보는 것만으로도, 이 공간 안에 예수님과 천국에 함께 있다는 것만으로도 너무 편안함을 느끼고 있었다. 그래서 예수님 곁에 가까이 다가가야 한다는 생각도 들지 않았다. 그냥 여기 멀리서 예수님을 쳐다보고 있는 것만으로도 너무 행복하였다.

구름 아래 저 현실에서는 팬더가 내려오기를 원하는 사람들이 팬더를 기다리고 있다. 그러나 팬더는 다시 현실세계로 가고 싶지 않았다. 팬더는 이미 죽었기 때문에 현실에 갈 수도 없다. 만약에 전능한 예수님이 이 팬더를 다시 저 밑 세상으로 내려 보내 줄 수 있다고 해도 팬더는 그러고 싶지 않다. 팬더는 저 밑에 가면 힘들 것 같았다. 그래서 굳이 일부러 현실에는 가지 않으려고 하였다. 하지만 팬더가 힘이 생길 때쯤이면 현실의 사람들과 다시 만날 수 있을 것 같기도 하였다. 지금 팬더는 너무 지쳐 있어 쉬어야 하였다. 팬더는 좋아하는 잔디 위에서 아무 것도 하지 않고 기대 앉아서 눈을 감고 있었다.

팬더가 죽어서 천국에 갔고 다시는 내려오고 싶지 않을 정도로 지친 이유는, 팬더가 현실에서 생각할 것이 너무 많았기 때문이었다. 팬더는 현실에서 모든 사람의 눈치도 봐야 되고 많은 사람들을 생각해 줘야 하였다. 팬더는 현실에서 많이 힘들고 지치고 피곤하였다. 그래서 지금 천국이라는 곳에 와서 저렇게 푸른 풀밭에 누워서 쉬고 있다. 그러나 팬더는 현실에 미련이 있었고 사람들에게 미안한 마음을 갖고 있었다. 팬더도 그들이 보고 싶었다. 그러나 또다시 현실에서 힘든 생활을 하고 싶지 않았다. 그런 생활이 반복되는 게 너무 싫었다. 팬더에게 현실생활이란 자기의 모든 것을 버리고 사람들에게 다 맞춰야 하는 삶이었다. 마치 내 옷이 아닌 옷을 계속 입고 있는 것 같은 느낌이었다. 팬더는 그 사람 마음속에 들어가지를 못하니까 저 사람이 지금 나를 어떻게 생각하고 있을까 하는 생각에 힘들었다. 그리고 그 사람이 무슨 생각을 하고 있는 걸까, 저 사람이 나를 좋아하려면 어떻게 해야 되는 걸까, 내가 저 사람한테 도움이 되고 폐를 안 끼치려면 어떻게 해야 될까, 이런 생각을 너무 많이 하였었다. 팬더는 그런 많은 생각들을 담을 만한 큰 마음의 그릇을 가지지 못하였었다. 팬더 자신도 자기의 모습을 잘 알고 있다. 그러나 팬더는 사람들의 기대에서 벗어나기 어려웠다. 팬더는 그 기대가 부담되었지만 티내지 않고 열심히 하였었다. 지금은 팬더가 천국에서 휴식을 하고 힘을 가질지라도 팬더가 현실로 내려갈지는 확신할 수 없다.

연구자 선생님은 나의 일상생활에 비춰서 이 이야기를 생각해 보라 하셨다. 그제야 나는 팬더가 바로 나의 모습이라는 생각이 들었다. 지금 하는 일들에 지친 나의 모습이 곧 팬더와 같았다. 나는 항상 내가 맡은 일을 잘 해낼 수 있을까 생각하며 힘들어하였었다. 내가 잘 버틸 수 있을까. 내가 실수하지는 않을까. 요즘 그런 생각이 부쩍 더 많이 들었다.

사실 지난번 모래놀이에서 팬더가 배 꼭대기에 올라가 있을 때에도 힘든 마음이 없지 않았다. 팬더는 임무를 다하고 책임을 가지고 있었기 때문에 사람들에게 힘든 걸 티낼 수 없었다. 힘든 걸 드러내지 못해서 일부러 거기 높은 곳에 올라가 있었던 것이었다. 돛 위에서 내려와서 다른 동물들과 가까이 있으면 자기가 힘들어하는 것이 그들에게 들킬까 봐 일부러 배 꼭대기 위에 올라가서 숨기고 있었던 것이었다. 팬더가 모든 동물을 살리는 임무를 잘 끝내고 나서도, 더 이상 할 일이 없어서 막상 육지로 내려와서도, 팬더는 자기가 해 왔던 과거의 일들에 대해서 괜히 자책감이 들었다. 팬더는 내가 잘 한 것일까, 내가 하였던 일 때문에 상처받은 사람들은 없을까, 내가 잘 끝낸 걸까, 그 사람들은 내가 잘 하였다고 생각할까 하는 생각을 하다가 괴로워서 죽게 되었고 천국으로 가게 된 것이었다. 지친 팬더는 천국에 가서 예수님에게 휴식과 평화를 얻고 싶었던 것이었다. 나는 계속 이어서 이야기를 만들었다. 나의 이야기는 이러하였다.

스르르. 팬더 선장은 어느 새 깊은 잠에 빠졌어요. 오랜만에 느껴 보는 기쁜 편안함과 행복감에 아무 걱정 없이 깊이 잠들었지요. 어느새 파란 물고기가 팬더 옆 잔디밭 위로 올라와 살포시 앉았어요. 팬더가 깨지 않도록 옆에 기대어 주었답니다.

―

여기서 파란 물고기는 팬더가 혼자 있어 외로우니까 옆에서 지켜 주고 있다. 파란 물고기는 지킴이고 위로자이다. 팬더는 자고 있어서 옆에 파란 물고기가 있는지 몰랐다. 만약에 팬더가 잠에서 깨어나 파란 물고기가 옆에 있고 현실로 내려가자고 한다면 그럴 수 있을 것 같았다. 하지만 파란 물고기는 자기만이 팬더에게 현실에서 살아갈 힘이 될 수 있다는 것을 모른다.

이제 모래놀이가 많이 진행되었다. 나는 이제 스토리를 이야기하면서 나도 모르게 나를 상징하고 있는 피겨를 보고 '나'라고 이야기할 만큼 무슨 피겨가 무엇을 상징하는지, 내가 어떤 모습으로, 내가 어떤 무의식으로 살아가고 있는지 뚜렷하게 알게 되었다. 그러면서 나의 마음이 시원하였다. 하지만 걱정이 되기도 하였다. 마지막 모래놀이를 할 때쯤에는 내가 어떤 모습으로 성장할지 기대되었다.

수선화의 여덟 번째 이야기: 기다리기

— 　나는 제일 먼저 파랑색 꽃 피겨를 손에 잡았다. 오늘 모래놀이 이야기는 이러하였다.

팬더 선장은 잠이 들었어요. 그리고 어느새 천국의 동물들은 팬더 선장을 향해 다가왔어요. 그리고 잠자는 그의 얼굴을 쳐다보았지요. 그의 얼굴에는 평안함과 기쁨이 서려 있었습니다. 그를 지켜 주려는 듯 팬더 선장이 자고 있는 동안 모두 팬더 선장을 바라보고 있었지요.

나는 내가 만든 모래놀이 상자를 보고 이야기를 만들면서 마음이 많이 편하였다. 팬더 자신도 모르는 사이에 주변의 동물들이 팬더에게 와서 팬더를 걱정해 주고 있었다. 팬더는 모르겠지만 팬더가 잠든 사이에 주변 동물들이 와서 팬더를 지켜 주고 있는 것이었다. 나는 이런 팬더를 보면서 편하고 좋겠다는 생각을 하였다. 연구자 선생님은 지금까지 모래놀이에서는 팬더가 주변을 맴돌았지만 이제 중앙으로 들어왔다고 말씀해 주셨다. 팬더는 여태까지 저 위에서 내려오지 못하고, 밖에서 들어오지 못하였었다. 오늘에서야 팬더를 모두가 포근히 감싸 주고 보살펴 주고 있다. 그리고 바로 뒤에는 예수님이 놓여 있었다. 나는 곧바로 이야기를 이어 나갔다.

팬더 선장을 위해 천국의 동물들은 조용한 한 켠에 포근한 구름 침대를 만들어 주고 자고 있는 팬더를 그 위에 눕혀 주었어요. 그 누구에게도 방해받지 않고 조용히 그가 잘 수 있도록 도와주었지요. 그리고 각자의 생활로 돌아갔어요. 라마들은 숲으로, 흰 말들은 꽃밭 어딘가, 양들은 초원으로, 예수님과 천사들은 천국의 동물들을 지켜보며 아름다운 찬양을 불렀어요. 아기 생쥐는 그 찬양소리를 듣고 있었고요. 그러나 파란 물고기는 팬더의 구름 침대 옆에서 그가 깨어나기를 기다렸어요. 언젠가 깨어나 주기를 바라면서 그의 침대 밑에서 깊은 잠에 빠져들었습니다.

나의 모래놀이에서는 여러 번 파란색 물고기가 등장하였었다. 그 중에서 지난번과 이번의 모래놀이에서 그 물고기는 팬더와 아주 가까이에 놓여 있다. 그 물고기는 팬더 옆 가까이에 와서 팬더가 힘들까 봐 기다려 주고 지켜 주고 있었다. 팬더는 자고 있기 때문에 자신 곁에 그 물고기가 있는지 모르지만 그것을 알게 되면 힘이 날 것이었다. 하지만 팬더는 자면서도 누군가가 자기를 지켜 주고 있다는 것을 느끼고 있었다.

연구자 선생님은 나의 이야기를 듣고 설명이 필요 없을 정도로 나의 마음이 편해졌다고 말씀하셨다. "지금 굉장히 목가적인 풍경이죠. 되돌아보면 선생님은 뭔가 불안해하였고 어디에도 속하지 못해서 먼 곳에서 계속 바라보기만 하였었고 결코 편안하지가 않았거든요. 그런데 그 짧은 시간 안에 지금 이런 장면을 만들게 되어서 이 일을 오랫동안 하는 나 자신도 놀랍기도 하고 재밌기도 하네요." 나도 연구자 선생님의 말씀처럼 내가 만든 모래놀이 상자를 바라보면서 많이 편안하였다. 쉬고 있는 와중에도 계속 지켜 주고 있는 친구도 있었고, 자고 있으면서도 혼자 자는 게 아니라 옆에서 지켜 주는 친구도 있었다.

나는 이런 팬더처럼 편히 쉬고 싶었다. 나는 항상 뭔가를 추구하였고, 나에게 맡겨진 과업을 완벽하게는 아닐지라도 그래도 수행하였다. 나는 항상 내 앞에 주어진, 그리고 앞으로 주어질 과업을 어떻게 헤쳐 나가야 하고 어떻게 한 발짝 나가야 할지 고민하였었다. 난 그 일을 제대로 따라가지 못하는 내 모습이 너무 싫었었다. 그래서 앞뒤 가리지 않고 빨리 달리고자 애썼었다. 잘하고 싶은 욕심도 있어서 나의 머릿속은 늘 분주하였다. 이제는 나의 마음이 차분해졌으면 좋겠다. 안정되고 고요했으면 좋겠다.

나는 오늘 모래놀이를 끝마치면서 이런 팬더가 나였다는 것을 깨닫게 되었다. 그리고 팬더가 회기를 더하면서 점점 더 안정되고 편안해진 것처럼 나 스스로도 조금씩 편안해지고 밝아지고 있었다. 나는 최근에 주위 사람들에게 밝아졌다는 말을 많이 듣기도 하였다. 그리고 유치원 교사로서도 나의 마음이 넓어진 것 같다.

수선화의 아홉 번째 이야기: 깊은 숲속에 놓인 꽃다발

━ 오늘은 모래상자에 커다란 꽃다발을 제일 먼저 놓았다. 그리고 주위 사방에 나무를 놓았다. 지금 이 꽃다발은 새소리만 들리고 사람이 없는 깊은 숲속에 놓여 있다. 그런 모래상자를 보고 '꽃다발'이라고 제목을 붙였다. 오늘의 이야기는 이러하였다.

예쁘고 고요한 숲 가운데에 꽃다발 하나가 놓여 있어요. 새소리가 들리고 아무도 찾아오지 않는 고요한 숲속에 누가 꽃다발을 놓고 갔을까요? 그리고 그 꽃다발의 주인공은 누구일까요?

━

이 꽃은 어떤 사람이 누군가에게 주기 위해서 예쁘게 만들었고 그것을 깊은 숲속까지 들어와서 놓고 갔다. 그 사람은 사랑하는 사람에게 그 꽃을 주고 싶지만 사랑하는 사람을 만날 수가 없었다. 그러나 그 사람이 이 꽃다발을 받을지는 모르지만 받을 것이라는 희망을 갖고 있었다. 그렇게 꽃을 두고 간 사람에게는 사연이 있었다. 만나고 싶지만 만날 수가 없었다. 아마 사랑하는 사람이 여기 숲속에 올 가능성도 거의 없었다. 그것을 잘 알지만 그 사람은 슬픔에 못 이겨 그렇게라도 해야 하였다. 자신의 마음을 전달하고 싶지만 그럴 수가 없었다. 혹시나 그 사랑하는 사람이 다시 올 수도 있지만 상황적인 문제들이 있어서 다시 만날 수가 없다는 생각에 가슴이 먹먹해졌다.

이 숲속은 보기만 해도 편안하고 고요하며 평화로운 곳이다. 아주 깊은 숲속이라 사람의 흔적이 전혀 없는 곳이고 고요한 곳이다. 꽃다발을 두고 간 사람도 아무도 찾지 않았으면 하는 마음으로 꽃다발을 놓고 있었다. 그 사람은 사랑하는 사람이 여기로 오기를 기대하지만 사랑하는 사람도 두려워서 못 올 것이라고 체념하고 있었다. 우연히 그 사람을 만날지라도 서로를 이해할 수는 없을 것 같았다. 그 마음을 전달할 수 있는 방법은 없을 것 같았다. 상황적인 것 때문에 서로를 포기하였고 이제는 각자 새로운 상황에 적응하였고 체념한 상태인데도, 서로의 마음을 확인하게 되면 다시 또 힘들어질 것 같았다. 서로에게 감당할 수 없는 상황이 오고 마음만 아플 수도 있었다. 서로는 절대로 상황적인 문제를 해결할 수 없었다. 이 꽃다발을 확인한다 하더라도 바뀌는 건 아무것도 없을 것이다.

연구자 선생님은 지난 모래놀이할 때를 떠올려 보라고 하셨다. 가만히 생각해 보니 지난 회기 때까지 팬더는 어디에도 속하지 못하고 떠돌아다니는 방관자에서 결국 주인공이 되었었다. 그런데 오늘 모래상자의 세계에서는 주인공은 물론이고 방관자도 없었다. 지금 나는 무조건 고요하고 싶었다. 어떠한 생명체도 등장하는 것은 버거웠다. 이제는 잔잔하고 조용하고 싶었다. 아무 것도 안 움직였으면 좋겠고 말하지 않았으면 좋겠다.

나에게는 뭔가 깔끔하게 해결된 것이 없었다. 왜냐하면 나 스스로가 "아! 잘하였다"는 일이 하나도 없었다. 모든 일에서 난 실수가 있었고 나에게 수고하였다고 말해 줄 수 있는 일이 한 번도 없었다. 그것만이 아니었다. 뭔가 속 시원히 해결되는 문제가 아무것도 없었다. 이 모든 상황에서 내가 속 시원하게 가고자 하는 방향은 이게 아니었다. 내가 가야 하는 길은 이 길이었지만 내 마음은 자꾸 내가 하고 싶은 생각에 괴로웠다. 나는 동화책을 쓰는 사람이 되고 싶었었다. 그러나 나를 인정해 주는 사람은 아무도 없었다. 부모님은 나를 보기에 나름 안정적으로 살아간다고 생각하겠지만, 내가 어렸을 때부터 부모님께 동화책을 계속 쓰고 싶다고 말씀드렸지만 들어 주지 않았다. 유아교사가 된 것도 부모님의 기대에 따랐기 때문이었다.

이제는 부모님의 도움을 받고 싶지 않다. 부모님께서 나에게 돈을 주시는 만큼 그에 상응하는 무언가를 드려야 하였다. 내 모습을 거기 상응하는 것으로 보답해 드려야 되는 게 도리니까 그랬다. 부모님이 원하시는 방향대로 살아가는 게 맞을 것이다. 내가 나중에 독립해서 다시 내가 하고 싶은 것을 하면 될 것이다. 사실 깊은 숲속의 꽃다발도 부모님과 연관되어 있다. 지난해 나는 부모님의 반대로 사랑하는 사람과 결국 헤어져야 하였었다. 우리 부모님 때문에 그 사람이 상처를 많이 받아서 미안하고 아쉬웠다. 내가 부모님과 그 사람과의 관계를 좀 더 현명하게 조율하였다면 지금과 같은 상황은 없었을 거라는 후회가 들었다.

이제는 내가 하고 싶은 글을 쓰고 싶어도 쓸 수가 없게 되어 버린 것 같았다. 아이들을 더 이상 편안한 마음으로 볼 수가 없었다. 아이들에게 미안하였지만 내 마음대로 되지 않았다. 난 자꾸만 아이들에게 짜증과 화를 내기만 하였다. 아이들을 이해해 주고 싶은데도 불구하고 내 앞에 주어지고 내 앞에 해야 되는 일이 너무 많으니까 내가 살려고 애들을 그렇게 대하고 있는 것 같았다. 이런 내가 어떻게 아이들을 위한 동화책을 쓸 수 있을까 좌절감이 왔다. 마음이 슬프고 힘들어 이 일을 어떻게 극복해야 할지도 모르겠다. 그냥 흘러가는 대로 지나가려고 하였다. 나는 두 번째 이야기를 이어 갔다.

제목은 '겨울'로 정하였다.

　나는 시들은 꽃을 보고서 희망이 사라지고 체념과 포기가 되었다. 시간이 너무 많이 흘렀고 겨울이 되었지만 아무것도 바뀌지 않았고 좋아진 것이 없었다. 이제 꽃은 향기도 잃었다. 오늘 모래놀이에서는 나 스스로 느끼지 못하였던 나의 속마음을 들여다보는 기회가 되었다. 모래놀이에서 부모님의 거절로 헤어진 남자 친구 때문에 내가 이렇게 힘들어하고 복잡한 생각에 괴로워하는지 알게 되었다. 나는 모래놀이를 하면서 비로소 내가 알지 못하였지만 내가 무슨 생각을 하고 있는지 알아 갔다. 내가 미처 알지 못하였던 나의 감정들이 드러난 것 같았다. 내 마음속에서 내가 여러 생각들을 하면서 살았었다는 것을 되돌아보게 된 것 같았다. 내가 놀랄 정도로 내 마음속이 어떤 상태인지를 영화를 보고 있는 것처럼 객관적으로 이해할 수 있었다.

수선화의 열 번째 이야기: 해변가의 결혼식

—   한 달이 지나고 다시 모래놀이를 하였다. 지난 과거에 부모님의 반대로 헤어졌던 남자친구에 대한 죄책감도 사라졌다. 그 사람도 과거를 다시 생각하지 않는 것 같았다. 그 사람의 인생과 나의 인생은 다른 거니까 이제 죄책감은 들지 않았다. 이제는 마음속에서 깔끔하게 정리된 느낌이었다. 이렇게 나는 지금까지 모래놀이를 하면서 마음을 말과 글로 표현하는 것이 어려웠지만 조금이나마 속마음을 풀어낼 수 있었다. 이렇게 모래놀이에서 내 마음을 표현해서인지 이제는 마음이 한결 가볍고 편안하였다. 주변의 동료 교사들에게서도 내가 많이 밝아졌다는 이야기를 많이 듣곤 하였다.

    평소와 같이 피겨방에 갔다. 오늘은 제일 처음에 신랑과 신부의 피겨를 골랐다. 그리고 마지막에는 꽃을 골랐다. 제목은 '해변가의 결혼식'으로 정하였다. 나의 이야기는 이러하였다.

드디어 두 사람의 결혼식이 시작되었어요. 아름다운 음악소리 아래 해변가에 그림 같은 결혼식장. 주례선생님의 이야기 속 두 사람이 서로를 보며 행복하게 미소를 지어요. 많은 사람들은 그 모습을 보고 축하하며 아름답다 칭찬하지요. 결혼식 후 머나먼 섬으로 그 두 사람을 데려다 줄 아름다운 마차도 기다리고 있답니다. 꿈 같은 순간 그들은 그런 행복한 시간을 보내고 있습니다.

—

나는 내가 꾸민 모래놀이 상자를 보고 행복하였다. 결혼하는 두 남녀가 부럽기도 하고 아쉬움이 들기도 하였다. 그러나 아직도 내 마음이 어떤 상태인지를 모르겠다. 내가 어떤 생각을 하는지 잘 모르겠다. 난 항상 겉으로 보기에는 씩씩하게 살고 있었지만 나를 꼭꼭 숨기고만 살아왔다. 나는 사람들과 싸우거나 말다툼하는 것을 가장 싫어하였고, 그 사람이 뭐 남자친구든 아니면 엄마 아빠든, 친구든 간에 만약에 싸움의 상황이 딱 왔을 때 나는 그 싸우는 걸 보기도 싫고 거기에 참여하는 건 더 싫고, 그렇기 때문에 사실 싸움 상황이 생기면 나는 그냥 미안하다고, 내가 잘못하였다고 말하였다. 내가 잘못한 것이 아니더라도 죄송하다고 말하였다. 나는 그런 상황을 빨리 피하고만 싶었다. 난 항상 이렇게 회피해 왔다. 어릴 때부터 난 항상 그랬다. 그러니 이제 나의 감정이 정말로 솔직한 것인지 살짝 궁금해지기도 하였다.

수선화의 모래놀이를 마치다

━　　내가 처음 모래놀이를 접한 것은 학부시절 자녀양육법에 대한 수업을 들었을 때였다. 그때는 모래놀이라고 하면 유아들을 대상으로 하는 심리치료요법일 거라고만 생각하였었다. 분명히 유아들과 어른들은 자기의 문제를 느끼고 푸는 방법과 받아들이는 감각이 다를 것이다. 아무래도 어른들은 아이들보다 자신의 감정을 의도적으로 잘 숨길 수 있을 것이니 이런 무의식이 모래놀이로서 표현될 수 있을까 하는 생각이 들었었다. 그러나 글쓰기를 활용한 모래놀이를 하고 나서는 주변 사람들이 내가 씩씩해지고 밝아졌다고 말하였다.

　사실 나는 부모님에게 나의 마음이 그대로 수용되지 않아서 부모의 기대에 따라 수동적이고 소외된 삶을 살아왔고, 또 나는 사람들이 갈등하거나 싸울 것 같은 상황이 너무 무섭고 싫어서 그런 상황을 안 만들거나 피하려고 다른 사람이 요구하는 대로 거짓으로 행동해 왔다. 나의 잘못이 아닐 때도 나는 '미안해요, 죄송해요'라는 말을 자주 하였다. 그렇게 나의 속마음을 누르다가 이제는 내 마음이 무엇인지도 모르는 상황에 이르렀다. 그러나 모래놀이 상담을 하고, 내가 직접 글을 써 보고 나니 내가 지금 느끼고 있는 감정이 어떤 것이고 내가 무엇을 바라고 있는지 여실히 볼 수 있었다. 모래놀이 첫 회기에서 나는 내가 얼마나 스트레스를 받고 살아가고 있는지 나의 모래놀이 상자를 제3자의 입장에서 보면서 자각할 수 있었다. 나도 몰랐던 속마음이 모래놀이 상자 안에 풀어지고 있었다. 회기가 거듭할수록 나는 모래놀이 상자에 담긴 나의 모습을 바라보고 느끼고 직면할 수 있었다. 모래놀이 상자는 나에게 나의 모습을 말해 주는 듯한 기분이 들기도 하였다.

나는 부끄럽기도 하면서 그것을 받아들이려고 노력하였다. 부끄러워도 이 것이 나의 본연의 모습이고 나의 생각과 감정이라는 것을 인정하고 감싸기 시작하였다. 그러자 다른 사람들의 눈에 비친 나의 모습이 아니라 진짜 나의 모습을 사람들에게 보일 수 있는 용기가 생겼다. 실제로 나는 예전보다 훨씬 대담해졌고 나의 감정을 솔직하게 인정하기 시작하였다. 무의식적으로 감추려고 애썼던 나의 못난 부분과 좋지 않은 것들을 이제 나의 모습으로 인정하고 세상에 거리낌 없이 보여 주게 되었다. 마음이 한결 시원해지고 편해졌다. 그러면서 나는 인간관계에서도 나의 마음을 솔직하게 표현하는 능력이 확실히 좋아졌다. 예전에 나는 다른 사람이 나를 어떻게 생각할까, 나를 욕하지 않을까 하는 걱정에 나의 목소리를 억압해 왔었다. 이제는 다른 사람의 눈치를 보며, 민감하게 반응하면서 내 마음을 숨길 필요도 없고 그렇게 하고 싶지도 않았다. 남이 어떻게 생각하든 간에 나는 다른 사람에게 내가 하고 싶은 말을 하고 나의 권리를 주장하는 것, 내가 해야 될 말을 하는 것을 쉽게 할 수 있게 되었다.

또한 글쓰기를 활용한 모래놀이 상담으로 나는 솔직하고 용기 있는 사람이 나의 참모습이라고 느끼게 되었다. 예전에는 나 자신이 겁이 많았고 소심하고 도전하는 것을 두려워하는 사람이라고 생각하였지만, 나라는 사람이 무엇을 할 수 있고 내가 잘하는 것이 무엇이었는지 자각하게 되면서 자신감이 생기게 되었다. 더불어 글쓰기를 활용한 모래놀이 상담은 내가 유치원에서 유아들을 대할 때 마음가짐을 달리 갖게 해 주었다. 예전에는 아이들을 더 이상 편안한 마음으로 볼 수가 없었다. 자꾸만 아이들한테 짜증을 내고 화를 냈다. 아무리 아이들을 이해해 주고 싶어도 내 앞에 주어지고 내 앞에 해야 되는 일이 너무 많으니까 내가 살려고 애들을 그렇게 대하고 있는 것 같았다. 아이들에게 미안한 마음을 가지고서 어쩔 수 없이 그 아이들을 데리고 있어야 하는 그 상황이 너무 힘들었다. 그러다 보니 어린이를 위해서 동화책을 쓰자는 오랜 나의 꿈에서 멀어지게 되었다.

물론 이 상담으로 나의 모습이 외적으로 크게 변화된 것은 아니지만, 나 스스로가 나를 대하는 마음가짐이 확실히 달라졌다. 유아교사로서 아이들의 감정을 잘 읽어야 한다는 생각보다는 나의 감정을 잘 읽고 솔직한 모습으로 아이들을 대하게 되었다. 예전에는 선생님의 마음을 표시하지 않고 아이에게 그런 행동을 하지 말라고 지시해 주기만 하였었다. 잘한 행동에 대해서도 "너 정말 멋있다. 대단해."라고만 말해 주었지, 그것 때문에 선생님이 행복하다고는 표현해 주지 않았다. 이제는 너의 행동 때문에 기쁘다거나 아니면 상처를 받았고, 속상하다고 솔직하게 말해 주게 되었다. 이렇게 나의 좋은 감정과 불편한 감정 모두를 충실하게 표현해 주면 아이들도 잘 느끼고 받아들이는 것 같았다.

그러면서 나는 확실히 아이들과 더욱 친밀해지고 밀착되면서 서로 교감할 수 있게 되었다. 더불어 유아교사로서 나의 일이 어려울지라도 여유로운 마음을 갖게 되었다. 어차피 나의 일이고 힘들어도 다 지나갈 일이라며, 웃으면서 즐겁게 하려는 긍정적인 마음을 갖게 되었다. 나는 반항성 장애 아이를 맡게 되었는데, 예전에는 부모님과 트러블이 생기는 경우마다 마음이 불안하기만 하고 안절부절못하였었다. 이제는 내가 그 아이에게 진심으로 대하면 아이가 바뀔 것이라는 믿음을 가지게 되었다. 그 반항성 장애를 가진 아이는 반말을 하며 교사를 때리기도 하고, 다른 아이를 때려서 큰 상처를 낸 경우도 있었다. 그래서 나는 그 아이 때문에 스트레스를 받아 며칠 동안 나를 그 상황에 옭아매고서 힘들어하기만 하였다. 이제는 그 상황을 그대로 수용하고 다음부터 안 하도록 하면 된다며 마음에 걸림이 없고 너그럽고 차분하게 대응할 수 있게 되었다. 마지막으로 나는 부모님과의 사이가 굉장히 좋아졌다. 나도 모르게 부모님에게 더 자주 연락하게 되었고 통화시간도 늘어났다. 예전에 나는 부모님과 가깝게 지내지 않았었다. 그런데 글쓰기를 활용한 모래놀이 상담을 시작하고 나서부터 부모님에게 내 마음을 진솔하게 이야기하면서 솔직하게 표현하게 된 것 같다. 그러자 자연스럽게 부모님과의 관계도 다시 회복할 수 있었다.

들국화 교사:
내 안의 나 '미녀와 야수'의 만남

들국화 교사는 26세 여성이며 유치원 교사로 재직한 지 4년째이다. 들국화 교사의 가족은 엄마, 아빠, 그리고 오빠와 본인 네 식구로 이루어져 있다. 들국화 교사는 어린 시절 가족과 함께 즐겁게 시간을 보내지 못한 아쉬움을 늘 가지고 있었다. 들국화 교사가 유치원에 다닐 때부터 아빠와 엄마 모두 직장인이라 바쁘셨다. 들국화 교사에게는 어린 시절을 되돌아보면 가족과 함께 야외로 가거나 놀이동산에 간 기억이 없었고 친구들과 논 기억이 대부분이었다. 학창 시절에도 들국화 교사는 가족들과 행복한 시간을 보낸 경험이 거의 없었다. 들국화 교사에게 엄마란 잔소리를 하는 사람으로 이미지화되었다. 당시 엄마가 하시는 일마다 잘 해결되지 않아 어려운 상황이었고, 특히 엄마는 오빠가 사춘기 때라 어긋난 행동을 많이 하여 걱정을 많이 하셨다. 그러다 보니 엄마는 오빠와 자신에게 잔소리를 하거나 화를 많이 냈다.

당시 엄마가 힘드셨고 자신을 바르게 교육하려고 하였을 거라는 생각은 들지만 들국화 교사는 딸의 입장에서 엄마의 행동들을 이해하기가 어려웠다. 들국화 교사는 그런 엄마에게 섭섭하고 서운하였다. 대신에 들국화 교사는 학교 선생님과 즐거운 시간을 보낸 경험이 많았다. 초등학교 고학년 때 방송반 활동을 하였던 들국화 교사는 방송반 담당 선생님과 함께 만화영화를 보러 갔었고 선생님께서 사진을 찍어 주신 추억이 많았다. 그리고 들국화 교사가 중학생이었을 때였다. 들국화 교사는 남자 친구에게 받은 반지를 손가락에 끼고 있었는데, 담임선생님께서 그것을 보시고는 어린 학생이 반지를 끼고 있다면서 들국화 교사를 혼내며 반지를 압수해 버렸다. 들국화 교사는 그 남자랑 헤어졌으니 돌려 달라며 울었다. 학교수업이 모두 끝나자 선생님이 들국화 교사를 불러서 햄버거를 사주시면서 울지 말라며 달래셨던 추억이 있다. 그리고 중학교 때 교회에 다녔던 들국화 교사는 교회 선생님에게 많은 가르침을 받았다. 한번은 친구와 다투었는데 그 선생님이 중간에서 서로 화해할 수 있도록 도와주셨다. 들국화 교사는 고등학교 때에도 친구처럼 친하게 지낸 선생님과의 추억이 많았다.

들국화 교사가 고등학교 3학년이 되었을 때 좋은 대학에 가는 것이 아니라 자신이 가고 싶은 과에 들어갈 수 없다는 것에 많이 속상하였다. 들국화 교사는 교회선생님의 권유로 중학교 2학년 때부터 계속 유치부 보조교사를 해 왔으며, 고등학교 2학년 때부터 유아교육과를 가고 싶다는 생각이 간절하였었다. 다행히도 모 대학교 유아교육과의 야간으로 입학하게 되어 너무 기뻤다. 들국화 교사는 낮에는 유치원에서 보조교사를 하고 야간에는 대학교에서 열심히 공부하였다. 밤늦게까지 과제를 준비하고 모의수업을 성공적으로 하였을 때의 보람은 매우 큰 것이었다.

최근에 들국화 교사는 장애아가 있는 학급을 운영하느라 에너지를 너무 소진한 나머지 모든 것에 흥미를 잃고 있었다. 무기력하고 나약해져만 갔다. 마침 유치원 원장님이 들국화 교사에게 모래놀이를 추천하였다. 들국화 교사는 모래놀이가 자신에게 어떤 변화를 줄 계기가 될지도 모른다는 생각이 들어 참여할지를 곰곰이 생각해 보았다. 사실 들국화 교사는 뭔가 탈출구를 원하고 있었다. 답답하고 무기력한 느낌에서 벗어나고 싶었다.

들국화의 첫 번째 이야기: 한가로운 주말

▬   나는 처음으로 모래놀이를 해 보았다. 수많은 피겨들이 있었는데, 나는 그 많은 피겨들 중에서 소파와 사람 피겨를 골랐다. 그런 후 주변에 무엇을 두면 좋을까 하고 생각하다가 우선 집을 한번 완성해 보자며 집을 꾸미는 데 필요한 피겨들을 골랐다. 집 밖에는 무엇이 있으면 좋을까 생각하다가 물고기를 가져와서 강을 만들고 그 옆에는 수레를 놓았다. 원래는 꽃을 파는 수레이지만 여기서는 음식을 파는 수레이다. 그 옆에는 꽃이 있어서 꽃도 구경할 수 있고 음식을 사 먹을 수 있고, 강도 구경할 수 있게 하였다. 그리고 나는 남자 인형과 여자 인형을 골랐다. 이야기는 다음처럼 만들었다.

주말을 맞이하여 부부는 아침에 일어나 이야기를 나누고 있어요. 오늘 아침은 무
엇을 먹을까? 오늘 나가서 무엇을 할까? 하다가 오늘은 집에서 아침을 먹고 함
께 나가서 해변을 거닐다가 꽃구경도 하고 맛있는 음식도 사 먹기로 결정하였어
요. 부부는 밖으로 나가 산책을 하고 꽃구경도 하고 맛있는 음식도 먹고 저녁쯤
집으로 돌아와 씻고 잠을 청하려고 해요. 부부는 기도해요. 태어날 아기가 건강
하도록!!

—

이들 부부는 태어날 아기가 건강하도록 기도하고 잠이 들었다는 이야기이
다. 아기는 아직 엄마 뱃속에 있지만 아기가 이용할 침대가 무척 마음에 들
어서 가지고 왔다. 중간에 강이 있어서 모래상자는 세 부분으로 나눠졌다.
집과 밖을 먼저 나누었다. 그리고 욕조 혹은 화장실이 집안에 있으면 안 될
것 같아서 집안에서 화장실을 따로 구분해 주었다. 여기에는 꽃구경을 할
수 있는 곳이 있다. 아기가 곧 태어날 것이지만 아기를 위한 장난감은 놓지
않았다. 식탁에는 음식이 차려져 있다.

연구자 선생님은 다음과 같이 말씀하셨다. "보편적으로 첫 회기 장면이 매
우 중요한 의미가 있답니다. 선생님의 첫 회기는 어느 정도 정돈이 되어 있네
요. 그러나 대부분의 경우 첫 회기 장면은 너무 혼란스러워서 뭐를 하였는지
모를 정도죠. 그리고 첫 회기 때는 지금 내가 왜 이런 걸 놨는지 잘 몰라요.
앞으로 회를 거듭할수록 점차 그 의미를 알아 가기 시작합니다." 피드백을 주
고받는 시간이 지나고 나는 모래놀이를 하며 상자의 이야기 내용을 변형해
나갔다.

아침이 되었어요. 부부는 평일에 자지 못하였던 잠을 충분히 자고 일어났어요. 그들은 이야기를 나누었어요. "오늘은 뭘할까?" 부부는 음식을 함께 만들어 먹고 집 앞을 산책하기로 하였어요. '지글지글 뚝딱뚝딱' 함께 음식을 만드는 부부의 모습이 다정하고 행복해 보여요. 아침을 먹고 밖에 나갈 준비를 해요. 강아지와 인사를 하고 밖에 나가 강 주변을 산책하였어요. 강바람이 선선하니 기분이 너무 좋아요. 강가 옆에는 음식을 파는 곳이 보여요. 서로가 좋아하는 음식을 하나씩 골라 먹으며 걸어가요. 꽃 축제가 열렸어요. 장미, 무궁화, 국화, 튤립 여러 꽃들을 구경하고 향기도 맡아 봐요. 해가 지고 어둑해질 때쯤 다시 집으로 들어와 씻고 강아지들과 함께 놀이를 해요. 밤이 되었네요. 이젠 잠자리에 들어야겠죠. 자기 전에 엄마 뱃속에 있는 아기가 건강하게 자라길 기도해요. 안녕.

━

들국화의 두 번째 이야기: 톰 아저씨네 동물농장

ㅡ　　오늘도 모래놀이를 꾸미기 전에 먼저 모래를 만져 보았다. 그 느낌이 부드러워 동물들의 머리를 쓰다듬는 것 같았다. 그러다가 강아지가 생각나서 강아지를 가지고 이야기를 꾸며 볼까 생각하다가 다른 동물들도 많이 떠올랐다. 나는 오늘의 모래놀이에서는 동물농장을 꾸며 보면 재미있겠다는 생각이 들었다. 그래서 나는 톰 아저씨가 동물농장에서 동물들에게 먹이를 주며 보살피는 장면을 상상하면서 모래놀이 상자를 꾸며 나갔다. 나의 이야기는 이렇다.

여기는 톰 아저씨네 동물농장이에요. 톰 아저씨는 아침 일찍 일어나 기지개를 펴요. 톰 아저씨가 아침 일찍 일어나 하는 일은 동물들의 먹이를 챙겨 주는 일이에요. 먹이 수레를 끌고 먼저 도착한 곳은 당연히 물고기 친구들이 사는 연못가예요. "물고기야, 안녕? 밤새 아무 일 없었니?" 물고기와 대화를 나눈 톰 아저씨는 먹이를 주고 다리를 건너 두 번째 강아지 친구들에게 갔어요. "강아지들아, 안녕? 힘차게 짖는 거 보니 잠을 잘 잤구나. 많이 배가 고팠지? 맛있게 먹으렴." 멍멍. 세 번째로 찾아간 곳은 돼지 친구들이에요. 꿀꿀꿀. 배가 많이 고팠는지 쉬지 않고 음식을 먹는 돼지예요. 음메~. 소가 밤새 새끼를 낳았나 봐요. 소들이 지내는 곳에 새끼 한 마리가 보여요. "수고 많았다, 소야." 마지막으로 들른 곳은 닭 친구들. 모이를 쪼아 먹는 사이 톰 아저씨는 달걀을 얼마나 낳았는지를 확인해요. 동물 친구들의 먹이를 다 주고 난 후 목소리가 들려요. "톰! 아침 먹어야죠." 제인 부인의 목소리에 톰은 대답해요. "응~ 알겠어." 톰은 먹이 수레를 정리하고 집으로 돌아가요.

—

톰 아저씨는 매일 아침이 되면 제일 먼저 동물들을 보살폈다. 그의 하루 중 오전 일과는 동물에게 먹이를 주는 것이었다. 이미 먹이를 다 나눠 주어 수레는 텅 비어 있다. 중앙에는 연못이 있고 연못을 건너 지나는 다리가 있다. 나는 다리의 밑을 받치는 물건을 놓았다. 그것 없이 다리만 놓게 되면 그 밑에서 살고 있는 물고기가 다리에 눌려서 아파할 것 같았다. 나는 물고기가 불편하지 않게 하려고 다리를 그렇게 놓았다. 모든 동물들은 가운데 톰 아저씨를 바라보면서 그에게 다가가고 있다. 나는 이어서 다음 이야기를 꾸며 나갔다. 나의 이야기는 이렇게 진행되었다.

아침을 먹고 난 후 동물농장 친구들은 신이 났는지 전부 다 바쁘게 움직이기 시작하였어요. 연못에 사는 물고기 친구들은 서로 헤엄을 치며 누가 헤엄을 잘 치나 시합을 해요. 오늘은 분홍 물고기가 이겼어요. 지느러미를 힘차게 흔드는 연습을 하더니 1등을 하였네요. 강아지 친구들은 삼삼오오 모여 밤새 꿈을 꾸었던 이야기를 나누어요. "어젯밤에 내가 꿈을 꾸었는데, 이빨이 사나운 고양이가 나에게 달려오는 거야." 아기 강아지들은 무서운지 엄마 강아지 등 뒤에 몸을 숨겼어요. 돼지 친구들은 아침에 먹은 음식이 모자랐는지 꿀꿀꿀 밥을 달라며 울고 있어요. 하지만 아침을 먹으러 들어간 톰 아저씨는 그 소리가 들리지 않겠죠. 소 친구들은 고생한 어미 소를 혀로 핥아 주며 수고하였다 이야기해요. 꼬꼬꼬 닭들은 옆에 사는 오리 친구가 놀러와 이야기를 나누어요. 시간이 흘러 벌써 점심시간이 되었어요. 톰 아저씨의 발소리를 동물농장 친구들이 기대하고 있어요.

—

처음과 다르게 변화된 것은 동물들이 오른쪽 아래에서 둥글게 서로 마주 보고 있다는 것이다. 톰 아저씨가 먹이를 주자 동물들은 먹이 주위로 둥글게 모였고, 톰 아저씨는 먹이를 다 준 후 집으로 돌아왔다. 오늘로서 두 번째 모래놀이가 끝났다. 아직은 나의 무의식에 무엇이 있는지 잘 모르겠으나 점점 나타날 거라는 연구자 선생님의 이야기에 앞으로가 너무 궁금해지기 시작하였다.

들국화의 세 번째 이야기: 한여름의 파티

▬   오늘도 모래놀이 상자를 꾸미기 위한 피겨들을 골랐다. 나는 제일 먼저 지붕이 없는 팔각정 피겨를 골랐다. 지붕이 있으면 사람 얼굴이 가려지기 때문이었다. 나의 이야기는 이러하였다.

저녁이 되었어요. 궁전 앞은 사람들로 시끌벅적하였어요. 오늘은 궁전에서 파티가 있는 날이에요. 알렉산더 왕자가 마을 사람들을 초대하였어요. 맛있는 음식들로 가득 찬 잔디밭. 아름다운 음악소리와 노랫소리. 춤추는 발레리나. 오늘 파티의 주인공은 알렉산더 왕자와 줄리 공주예요. 둘은 결혼을 해요. 약혼식에 초대를 받은 사람들은 박수를 치며 축하를 하고 맛있는 음식을 나누어 먹어요. 왕자와 공주는 너무 행복해요. 한 여름의 파티는 이렇게 끝나 가고 있어요.

▬

 이 이야기는 말 그대로 알렉산더 왕자의 약혼식에 관한 것이었다. 알렉산더는 결혼식을 올리기 전에 약혼식을 하고 있다. 왕자와 공주는 팔각정 안에서 인사하고 있다. 나는 지붕이 없는 팔각정을 골랐을 때, 팔각정과 어울리는 것이 무엇일까 생각하다가 왕자와 공주를 골랐다. 왕자와 공주는 팔각정 안에서 사람들을 바라보고 있다. 사람들이 왕자와 공주의 약혼식을 바라보고 있는 것이 아니라 왕자와 공주가 사람들을 바라보고 있다. 여기 이 사람들은 음식을 보고 있고, 저 사람들은 파티를 즐겁게 해 주기 위한 사람들이다. 이 사람들은 음식에 주목하고 있고, 여기 다섯 명의 천사와 발레리나는 왕자와 공주를 보고 있다. 모두 즐거워 보인다.

 그런데 음식 또는 먹이는 나의 모래놀이에서 항상 나오는 주제이다. 지난번에도 동물들의 먹이가 있었고, 오늘도 음식이 나왔다. 나의 모래놀이에서의 또 다른 특징은 모래놀이 상자의 공간을 나누어 놓는 것이다. 오늘 모래놀이 상자에서도 집, 궁전, 주차장, 그리고 음식 먹는 곳, 마차가 있는 곳, 노래를 하는 곳으로 나누고 있다. 처음에는 몰랐지만 내가 장소를 구분하고 있다는 느낌을 스스로 받았다. 여기서 나는 무대에 속해 있는 것으로 꾸미고 있었다. 곧 모래놀이를 꾸며 나갔다.

왕자와 공주, 초대받은 마을 사람들은 음식을 다 먹고 난 후에 함께 춤을 추었다. 파티가 끝나 갈 무렵 왕자와 공주는 초대해 주어서 고맙다며 한 사람 한 사람 모두에게 인사를 나누었다. 사람들은 줄을 서서 자동차를 타고 집으로 돌아간다. 왕자와 공주도 마차를 타고 궁전으로 돌아간다. 오늘은 즐겁고 행복한 하루였다고 생각한다.

—

여기서 왕자와 공주는 자기가 살던 곳으로 간다. 무대가 끝났기 때문에 마을 사람들도 집으로 돌아가고 있다. 그래서인지 뭔가 정리된 느낌이다. 오늘은 내가 피겨를 놓을 때 위치나 공간을 나눠 왔다는 것을 느꼈다. 이야기의 내용보다는 내가 생각하는 구도, 위치, 공간에 대해서 생각하게 되었다.

들국화의 네 번째 이야기: 세 친구

▬   오늘은 모래상자의 모래를 한참 동안 가지고 놀고 난 후에 피겨방으로 가서 마음이 이끄는 대로 피겨를 가져와 놓으며 모래상자를 꾸미고 이야기를 만들었다.

슈렉, 아톰, 손오공은 한 마을에서 함께 지내는 친구예요. 어느 날 셋은 너무 심심해 재미난 게 없나 고민하고 있었어요. 그 때 보드를 탄 손오공이 얘기하였어요. "저기 멀리 풀숲을 지나 강과 돌다리를 지나 버섯길을 지나면 아무도 가 보지 못한 집이 하나 있대. 그곳에 금은보화가 있다는 소문이 있어. 우리 누가 그곳에 먼저 가나 내기해 보자." 신발에 불이 달려 날 수 있는 아톰은 '옳다구나!' 하는 생각에 '좋아'라고 이야기하였어요. 하지만 슈렉은 보드도 없고 신발에 불도 나지 않아 날 수 없어 고민을 하였어요. "음... 내가 잘 할 수 있을까." 꾀 많은

> 손오공과 아톰은 이렇게 말하였어요. 내 보드가 말썽이야. 잘 나가지 않아서 네 걸음이 더 빠를 수도 있을 걸. 아톰은 내 신발에 에너지 충전이 되지 않아 멀리까지 날아갈 수 있을까 모르겠다. 한참 고민 끝에 슈렉은 "그래, 좋아"라고 대답하였어요. 준비, 시작! 손오공의 출발신호에 세 친구의 레이스는 시작되었습니다.

━

여기서 중요한 장면은 오른쪽 윗부분 모서리에 있는 집이다. 피겨들 중에는 여러 가지 종류의 집들이 있었지만, 내가 이 집을 놓은 이유는 딱 봤을 때 문이 너무 맘에 들었기 때문이다. 그것은 아무런 제약이 없이 아무 때나 들어갈 수 있는 문이었다. 아무 때나 열고 들어갈 수 있다는 것 때문은 아니지만 뭔가 저 문이 눈에 딱 보이고, 저 문을 열면 어딘가에 들어가서 무언가 할 수 있을 것 같은 생각이 들었다. 쉽게 들어갈 수는 있지만 너무 멀리 있어서 함부로 갈 수는 없는 그런 문이었다.

연구자 선생님은 내가 놓은 집을 보고서 "이 집이 슈렉이라는 영화에 나오는 화장실인지 알고 있었느냐"고 물으셨다. 그런데 나는 그것이 화장실이라는 건 알았지만 이걸 화장실이라고 생각하고 고른 것이 아니었다. 나는 그 화장실의 문만 보고서 골랐었다. 그래서 나는 화장실로 쓴 것은 아니라고 연구자 선생님에게 말씀드렸다. 문득 '저 곳은 아무도 가 보지 못한 곳인데' 하면서 소문에 금은보화가 있다는 이야기가 문득 생각이 나서 그것을 고르기로 결정하였었다. 슈렉 외에도 손오공, 아톰이 등장한다. 손오공은 자기의 주머니에서 보드를 꺼냈고 나머지 셋이서 같이 그곳으로 가 보기로 하였다. 이들은 모두 친구였고 누가 그곳에 빨리 닿는지 서로 레이스를 하였다. 손오공은 보드를 타고 날 수가 있어 자신감이 있었다. 마찬가지로 아톰은 발에 로켓이 달려서 자신이 당연히 1등을 할 거라 생각할 수 있는 친구였다. 그러나 슈렉은 생김새가 주변 사람들한테 놀림을 받을 수도 있고 어리석다고 느낄 수도 있는 그런 친구였다. 하지만 슈렉은 심성이 아주 착한 친구였다.

나는 슈렉이라는 피겨를 통해서 슈렉의 착한 심성을 나타내고 싶었다. 힘만 믿는 아톰에게 너무 잘난 척하면 안 된다는 것을 알리고 싶었다. 아톰에게는 아톰이 가지고 있는 힘이 전부가 아니라는 것을 알려 주고 싶었다. 나는 손오공과 아톰이 가진 것들이 중요한 것이 아니라는 것을 알려 주고 싶었다. 나는 슈렉, 아톰, 손오공 세 친구를 도착해야 할 집에서 가장 먼 곳인 반대편 모서리에 놓아 두었다. 그리고 그 길이 멀게 보이게 하려고 길을 꼬아 놓았다. 그래서 도달해야 할 집이 멀리 있는 것으로 표현하고 싶었다. 이들 세 명에게 그 집은 가 보고는 싶지만 쉽게는 갈 수 없는 곳이었다. 지나가는 길 중간에 연못과 돌다리를 만들어 놓았는데, 이것 역시 가는 길이 쉽지 않다는 것을 나타내기 위한 것이었다. 그 연못이 그렇게 깊은 곳은 아니지만 그렇다고 해서 쉽게 지나갈 수는 없고 돌다리를 이용해서 건널 수 있는 곳이었다. 그 연못은 일종의 장애물이었다. 나는 곧 모래놀이를 다시 하고서 또 다른 이야기를 이어 나갔다.

신발에 불이 달려서 날아갈 수 있었던 아톰은 잠시 돌다리에 누워 잠이 들었어요. 보드를 타고 가던 손오공은 아톰을 제치고 버섯 길을 지나던 중 보드타기가 재미있을 것 같아 버섯에 올라 놀기 시작하였어요. 그러나 슈렉은 열심히 숲을 지나 돌길을 지나 버섯 길을 지나 집에 도착하였어요. 문을 열고 들어가니 허름

한 침대에 아름다운 여자 한 명이 누워 있었어요. 여인의 모습을 보고 한눈에 반한 슈렉은 자신도 모르게 여자의 볼에 **뽀뽀**를 하였어요. 여자는 슈렉이 **뽀뽀**를 하자 눈을 떴어요. 그러자 펑펑 눈물을 흘리기 시작하였어요. "흑흑. 너무 고마워요. 길을 잃던 중 이곳에 들어왔는데, 밖에서 문을 열 수 있지만 안에서 문을 열 수 없어 갇혀 있었어요. 감사합니다." 여자는 슈렉이 너무 멋진 남자로 보였어요. 둘은 서로 첫눈에 반하였어요. 슈렉은 여인과 함께 집에서 나와 마을로 들어가 행복하게 살았어요.

—

　이 이야기에서 여자 앞에 다다른 남자는 손오공도 아니고 아톰도 아니었다. 어리석으나 심성이 착해 보이는 슈렉이 여자 앞에 먼저 도착하였다. 여자의 눈에는 슈렉이 너무 멋진 남자로 보였다. 이러한 나의 이야기에는 토끼와 거북이, 잠자는 숲속의 공주, 미녀와 야수 등의 여러 이야기와 비슷한 테마가 나타나 보였다. 잠자는 숲속의 공주나 백설 공주에서도 왕자가 와서 키스를 해 주니까 깨어나는 이야기가 있는 것처럼, 또한 미녀와 야수의 이야기 내용처럼 슈렉은 그 흉한 모습에서 왕자로 변신되었다. 아톰과 손오공이 가장 능력 있는 것처럼 보였지만, 가장 미천하고 보잘것없는 슈렉이 오래된 집의 문을 지나가서 이상의 세계로 들어갔다.

　나는 이 이야기에서 삶은 험난하지만 그 끝에는 무언가 위대한 게 기다리고 있다는 것을 말하고 싶었다. 여러 가지 동화이야기의 테마가 섞인 오늘 스토리가 한편으론 나의 이야기가 될 수 있을까 걱정도 되었지만, 오늘 나의 이야기를 통해서 내 마음 속에 여러 가지 모습의 내가 있었다는 것을 크게 느꼈다. 사실 나는 주는 것을 좋아하지만 받는 것도 좋아한다. 또한 주면 당연히 받아야 한다는 생각에 베풀었던 사람에게 받지 못하였을 때 실망하거나 화가 난 적도 있었다. 나의 성격을 인정하고 이해하는 내가 되기를 희망한다.

들국화의 다섯 번째 이야기:
어느 여름날 계곡에서 있었던 일

━   오늘도 역시 모래를 만지면서 놀다가 피겨를 가지고 모래상자에 이
야기를 꾸몄다. 제일 먼저 집을 골랐다. 제일 마지막에는 풀을 놓았다. 나의
이야기는 이러하였다.

쨍쨍 해가 뜨겁게 타오르던 어느 여름날 은정이와 은지는 펜션으로 여행을 떠났
어요. 회사에서 받았던 스트레스도 풀고 즐거운 시간을 보낼 겸 둘이 여행을 떠
났답니다. 펜션에 짐을 풀고 옷을 갈아입고 펜션 앞 계곡으로 물놀이를 나갔어
요. 함께 발도 담그고 오두막 앞에서 맛있는 음식도 나누어 먹었답니다. 그때 은
정이가 은지에게 얘기하였어요. 우리 저쪽 계곡에 가 볼까? 은지는 좀 피곤하였

는지 "난 의자에서 좀 쉴게. 너 혼자 다녀오도록 해."라고 하였어요. 은정이는 알
겠다고 이야기한 후 계곡에서 놀았어요. 한참을 놀고 있던 은정이. 그 시각 은지
는 앉아서 쉬다가 눈을 크게 떠 보니 저 멀리 악어의 모습이 보이는 것 같았어요.
은지는 은정이에게 소리를 쳤어요. 하지만 은정이는 들리지 않았는지 놀고 있었
어요. 조금씩 악어의 모습이 가까워지는 것 같아서 은지는 불안하였어요. 그때
눈이 마주친 두 친구. 신호를 보고 은정이가 뒤를 돌아보자 악어의 눈과 딱 마주
쳤어요.

—

　여기서 은정이와 은지는 친구였고 이들은 같이 계곡에 여행을 왔다. 은지
는 쉬고 싶어서 먹을 걸 먹고 있었고 은정이는 계곡 바위 곁에 앉아서 발을
담그고 있었다. 은정이는 그동안 힘들었던 감정들이 싹 다 사라질 만큼 시
원하였다. 의자에 앉아 있던 은지는 계곡을 바라보면서 쉬고 있다는 것이 정
말 행복하였다. 그런데 계곡에 악어 두 마리가 나타났다. 물에 발을 담그고
있던 은정이는 악어의 눈과 딱 마주쳤다. 은지는 은정이의 뒤에 악어가 있다
는 것을 얼른 알려 줘야 하였다. 그런데 은정이가 은지를 바라보지 않는 것
같아서 불안해하고 있었다. 악어는 수풀 건너편에 있었지만 은정이는 많이
두려워 긴장되었고 어떻게 해야 될지 몸 둘 바를 몰랐다.

　이 악어는 원래부터 여기에 살지 않았다. 만약에 악어가 있다는 것을 알았
다면 여기에 이렇게 많은 사람들이 놀러오지 않았을 것이다. 악어가 나올 거
라 생각도 못하였었고, 은정이는 악어를 보고 깜짝 놀란 것이다. 그러나 은
정이는 악어가 물까 봐 걱정이 되어서 도망갈 수 없었다. 은정이는 너무 무
서워서 얼음처럼 굳어 버렸다. 빨리 피해야 하는데도 은정이는 몸이 움직여
지지 않았다. 곧바로 나는 다음 모래놀이 상자를 꾸미고 이야기를 썼다.

순간 은정이는 얼음처럼 굳어서 움직일 수 없었어요. 하지만 정신이 번쩍 나서 부리나케 계곡을 뛰쳐나오기 시작하였어요. 아슬아슬하게 친구의 손을 잡고 계곡가를 나오게 된 은정. 그 순간 악어는 입을 크게 벌려 앞에 있던 물고기를 먹어 치우더니 아쉬운 표정으로 뒤돌아 유유히 숨어 버렸어요. 너무 무서웠던 은지와 은정. 펜션에 가서 주인에게 얘기하였지만 도무지 믿어 주지 않았어요. 어쩔 수 없이 방에 들어와 둘이서 멍하니 있었지만 여행을 이렇게 끝낼 순 없다는 생각에 방에서 즐겁게 놀고 다음날 돌아왔어요. 둘은 이야기하였어요. 재미있었지만 다시는 그 계곡에는 가지 말자고.

—

　그 악어는 육지에 있는 물고기를 잡아먹고 다시 물속으로 들어갔다. 은정이는 그 순간이 너무 무서워서 다시는 그런 상황에 직면하고 싶지 않았다. 은정이는 다시는 그 계곡에 가고 싶지 않았다. 거기에는 악어들이 살고 있고 앞으로도 악어들은 사라지지 않을 것이기 때문이었다. 그 악어는 아쉬운 표정으로 돌아갔지만 언젠가 다시 또 나타날 것 같았다. 은정이와 은지는 악어가 무서워서 다시는 이 계곡에 오지 말자고 하였다. 그들은 악어라는 존재에 대해서 아주 완전히 잊어 버리지 못할 것 같았다. 그런 상황이 너무 무서웠기 때문에 더 이상 생겨서는 안 된다고 느꼈다. 그래서 다시는 그곳에 오고 싶지 않았다. 그런데 그 상황들이 나의 마음 한 구석에 무언가 여운이 남았다. 은정이와 은지는 그때 그 상황이 머릿속에 너무 생생히 기억나서 가까이 가 보진 못하겠지만 한 번쯤은 멀리서 바라볼 것 같았다.

나는 오늘 모래놀이를 하고 나서 조금씩 나의 무의식 속에 있었던 여러 가지 감정과 생각들이 표출되고 있다고 느꼈다. 아마도 이러한 상황은 다시 직면하고 싶지는 않지만, 나의 머릿속에 맴도는 기억들일 것 같았다. 하지만 당당하게 나서서 직면하는 것도 좋진 않을까 하는 생각도 들었다.

들국화의 여섯 번째 이야기: 시골 풍경

━   오늘은 왠지 모르게 나 자신이 편안해지고 싶었다. 나는 피겨가 있는 방에서 제일 먼저 밭 피겨를 골랐다. 나의 이야기는 이러하였다.

어느 시골 한 마을의 풍경이에요. 마을 아주머니들은 함께 우물가에서 빨래를 하면서 흥미진진하게 이야기 나누며 즐겁기만 해요. 마을에서 가장 큰 할아버지의 집에 있는 나무 아래서 아이들이 '무궁화 꽃이 피었습니다' 놀이를 해요. 새로운 장난감이 없어도 아이들은 자연스럽게 하나가 되어요. 논밭에서는 아저씨들이 일을 해요. 날은 덥고 지치기는 하지만 "새참이 왔습니다." 소리를 듣고는 맛있게 음식을 먹어요. 해가 저물어 가요. 마을의 하루가 일이 끝나 가며 바쁘네요.

━

아이들이 '무궁화 꽃이 피었습니다'라는 놀이를 하고 있다. TV와 전화기는 집 안을 나타내고 있다. 그런데 나의 집 가운데에는 아무런 물건이나 사람도 없이 비어 있다. 나는 이번에도 공간을 나누었는데, 그러다 보니 집 안의 가운데가 비어 있게 되었다. 나는 이 모래상자의 세계가 무척 행복해 보였다. 그러나 같이 모래놀이를 하는 다른 참여자 선생님은 나의 모래놀이 상자를 보고 사람들이 적막해 보인다고 말하였다. 사람들이 서로 마주보지 않고 뒤돌아 있고 어느 순간 정지된 상태처럼 역동적이지 못하다는 느낌을 받는다고 의견을 주었다.

나는 이러한 곳에서 살고 싶은 것 같다. 이 모래놀이의 세계는 내가 바라는 미래의 모습이다. 나는 이곳이 편안해 보여서 여기서 살고 싶었다. 연구자 선생님은 지난 4, 5회기 모래놀이에서 대립과 투쟁이 나타났었다고 말씀하시면서 오늘의 모래놀이를 지난번의 모래놀이와 비교한다면 어떤지 물으셨다. 지난번 4회기 모래놀이는 3명의 친구 아톰, 손오공, 슈렉의 이야기였다. 선생님은 나에게 이런 의견을 주셨다. "지금 목가적인 풍경에서 조그만 아이가 목욕을 하고 있고, 아줌마가 빨래를 하고 있고, 거기다 원래 있는 것도 모자라서 다른 아이들까지도 가져다 놨어요. 강조하고 싶었던 것 같아요. 다른 측면으로 볼 때는 술래잡기, 고무줄 놀이, 말타기 놀이 이런 거는 어렸을 때 아주 순수하고 저항이 없는, 방어가 없는 시기, 아주 행복하였던 시기의 정감이 있는 놀이로 볼 수 있거든요. 그리고 얼핏 보면 누군가의 지시에 의해 억지로 노동하는 것처럼 보일 수도 있지만, 새참을 가지고 온 여인이 있어서 이 장면은 노동이 아니라 뭔가 즐거운 작업이 아닌가 하는 생각이 들기도 합니다."

나는 연구자 선생님의 이러한 설명을 들으면서 오늘 내가 전에 못해 봤던 경험들을 여기 모래놀이 안에서 표출하고 있다는 것을 느꼈다. 나는 여기 모래놀이의 세계가 나의 어린 시절의 모습과 같다고 느끼고 있었다. 그러면서 어제와 그제를 생각해 보니 요즘 유치원 교사로서 나의 생활이 달라지고 있었다. 나는 뭔가가 마음에 걸리는 게 있으면 머릿속으로 그것만 생각하고 그 때를 막 되새겨 보면서 다른 일을 할 수 없는 경우가 많았었다. 그런데 요즘은 그런 성격을 좀 버리고 내가 하였던 행동에 대해서 인정하게 되었다. 그 후에 내가 다시 변화될 수 있는 게 있다면 그렇게 하고, 그 일로 후회하기보다는 이후에 내가 해야 할 것들과 새롭게 다짐해야 할 것들에 대해서 더 생각하게 된 것 같다. 사실 나는 과거에 하였던 행동들 때문에 후회도 많이 하고 꿍해 있는 경우가 많았다. 이런 나의 모습도 좀 사라지고 있었다. 조금 쿨해졌다고 할 수 있을 것 같았다. 나는 모래놀이를 하면서 다음 이야기를 만들어 갔다. 나는 행복한 마을의 모습을 상상하면서 이야기를 꾸며 나갔다. 나의 이야기는 이러하였다.

저녁이 되어 마을 이장님 댁에서 맛있는 음식을 만들었다고 모두 초대하였어요. 이장님 댁에 모두 놀러가요. 함께 앉아 TV도 보고 음식도 나눠 먹으며 오순도순 이야기도 나누어요. 밤이 돼서 이제 집에 돌아가야 할 시간이 되었어요. 인사를 나누고 모두 집으로 돌아와요. 똑같은 일상이지만 그 안에는 행복과 즐거움이 살아 숨 쉬어요.

—

오늘 모래놀이를 하면서 조금씩 무의식 속의 나의 성향이 보이는 것 같아서 다행이라고 느꼈다. 연구자 선생님은 오늘 나의 모래놀이 이야기에는 '화해'의 테마가 보인다고 하셨다. 사실 내가 나를 잘 모른다는 생각을 자주 하였었다. 이제는 나를 절실하게 알아 가고 싶어졌다.

들국화의 일곱 번째 이야기: 첫눈, 학교 가는 길

— 어린 시절 학교에 갈 때 아무도 잘 다녀오라며 나에게 인사해 주는 사람이 없었다. 나는 모래놀이에서 이러한 바람을 담고서 이야기를 꾸며 보고 싶었다. 나는 제일 먼저 집을 놓았고 마지막에는 나무를 놓았다. 나의 이야기는 이러하였다.

아침에 눈을 떴을 때 재희는 창문을 먼저 확인하였어요. 겨울을 손꼽아 기다리던 끝에 바로 첫눈이 내리는 날이에요. 재희는 학교 갈 준비를 빠르게 하고 큰 소리로 "다녀오겠습니다." 외쳤어요. 밖은 새하얗게 변해 있었어요. 뽀드득뽀드득 눈을 밟는 소리. 아무도 밟지 않은 눈길을 재희가 처음 밟았어요. 땅만 바라보며 재희는 발자국을 남기면서 학교로 가요. 오늘은 왠지 좋은 일이 생길 것만 같아요.

—

　나는 모래상자에 다른 피겨들을 더 놓을까도 생각하였지만, 눈밭을 밟는 것과 눈에 나타난 발자국이 좋아서 그렇게 하지 않았다. 여기서는 나에게 눈이 쌓인 길에서 아이가 눈 위를 밟는 발자국만으로 만족하였다. 눈을 밟는 아이는 눈이 와서 너무 기뻤다. 자기가 아침 일찍 나와서 처음으로 눈을 밟았다는 것에 너무나 기뻤다. 날씨는 추웠지만 아이는 크게 한 번 숨을 들이마시고 내쉬면서 상쾌함을 느꼈다. 아이는 지금 그런 느낌을 만끽하고 있었다. 아이는 오늘 학교에 가는 게 너무 즐거웠다. 학교 가는 길이 너무 좋았다.

　연구자 선생님은 나의 모래놀이 상자가 양쪽 모서리에 나무가 있어 대각선으로 나타나고 있다 하셨다. 그러시면서 선생님은 설명을 덧붙이셨다. "지금 이 모래놀이 상자의 장면은 오른쪽에서 왼쪽으로 진행하는 느낌이네요. 첫눈이 왔어요. 쌓인 첫눈에 내가 첫 번째로 간다고 하였어요. 발자국을 찍어 줬어요. 내가 가고 있다는 걸 강조해 준 거지요. 이제 깨어서 의식 밖 사회로 나오고 있는 그런 느낌이네요. 새로운 탄생이라고 할까요." 나는 연구자 선생님의 이야기에 공감이 되었고 내 마음이 바깥으로 열리고 있다는 것을 느꼈다. 곧이어 모래놀이를 하며 이야기를 이어 갔다.

재희는 눈을 밟아 여러 모양을 만들어 보고 손가락으로 자신의 이름도 적어 보았어요. 아무도 밟지 않은 눈밭에 나의 흔적을 만들어 보아요. 눈밭에 누워 하늘을 바라보아요. 숨을 크게 들이마시고 크게 내쉬어 보아요. 상쾌하고 깨끗한 느낌. 시계를 보니 학교 등교 시간에 늦을 수도 있겠어요. 부리나케 뛰어가는 그 뒷모습은 즐겁고 행복해 보입니다.

—

나는 발자국과 흔적들이 눈 위에 하나씩 나타나자 여기가 나만의 공간인 것처럼 느껴졌다. 드넓은 곳이 나의 흔적들로만 이루어져 있어서 행복하였고 나에게 너무 친숙한 공간이었다. 내가 여기 누워만 있어도 기분이 좋을 것만 같았다. 외로운 기분은 전혀 들지 않았다. 마냥 행복한 기분이었다. 연구자 선생님은 이렇게 말씀해 주셨다. "우리가 족적을 남긴다고 하잖아요. 또는 발자취라고도 하죠. 아마도 여기에서 나라는 존재가 확인된 것 같아요. 지금까지는 모호하고 불분명하고 조금 드러내기가 자신이 없다든가, 그래서 회색빛깔처럼 자신이 흐릿하였었다고 할까요. 자신에 대한 분명한 색깔이 없었는데, 지금은 나라는 존재를 분명하게 나타내고 싶어 하는 그런 욕구가 생긴 게 아닐까요."

이렇게 모래놀이가 끝나고 나의 소감은 이러하였다. 오늘 모래놀이에서는 즐겁게 살려는 나의 마음이 나타난 것 같았다. 이제는 무의식 속에서 나와서 나 자신의 의지로 살아가면서 뭔가 즐겁게 찾아가는 느낌이라는 생각이 들었다. 한편으로 생각해 보면 초반에 나는 좀 불안하였던 마음에 힘들었었다. 그런데 지난주 목요일인가 금요일부터는 내가 힘들어하며 살기보다는 현실을 즐기자는 마음이 많이 들게 되었다. 무척 즐겁게 생활하려고 하고 있는 중에 모래놀이를 해서 그런지 그러한 즐거운 나의 마음이 여기에도 나타난 것 같다. 오늘은 모래놀이를 통해서 나라는 존재를 전혀 외롭지도 않고 즐겁고 행복한 존재로 느낄 수 있었던 하루였다.

들국화의 여덟 번째 이야기: 카페에 앉아 창밖을 보다

—   오늘은 집단 모래놀이를 마지막으로 하는 날이다. 이제 모래놀이가 점점 더 재미있고 즐거워지고 있는데 오늘로서 모래놀이가 끝난다고 생각하니 아쉬운 마음으로 모래를 만지다가 피겨를 놓기 시작하였다. 예전까지는 모래놀이를 시작할 때 모래놀이 상자에 무슨 피겨를 놓을까 한참을 망설이곤 하였었다. 그런데 최근에는 망설임 없이 머릿속에 여러 가지 이야기가 떠오르며 곧바로 구성하기 시작한다.

재희는 학교를 마치고 집 근처 카페에 갔어요. 마시고 싶었던 차도 마시고 카페에서 제일 맛 좋은 샌드위치도 먹고 싶은 마음이 컸기 때문이죠. 카페에 도착해서 주문을 하고 음식이 나왔어요. 따뜻한 차를 마시니 얼었던 몸이 녹는 기분이

들었어요. 재희가 카페를 자주 가는 이유는 차와 샌드위치가 맛있기도 하지만 인
테리어도 마음에 들고 특히 들려오는 노랫소리가 마음에 들었기 때문이죠. 지금
카페에서는 재희가 가장 좋아하는 가수의 노래가 흘러나오고 있어요. 음악을 들
으며 과제도 하고 책도 읽어요. 창밖을 바라보니 밖은 오전 내내 내렸던 눈이 녹
아내리고 있어요.

＿

　나는 오늘 모래놀이에서 지난 고등학교 시절을 돌아보며 모래상자를 꾸
몄다. 지금 심정은 커피를 마시고 싶기도 하였다. 그리고 지난 회기 때의 모
래놀이를 이어서 하고 싶다는 생각이 있었다. 지난주 눈밭에 발자국을 남기
던 그 아이의 연령을 생각해 보니 중학생이라는 생각이 들었다. 그래서 나는
고등학교 때 즐겨 보지 못하였던 나만의 시간을 나타내고 싶었다. 여기는
겨울이다. 한쪽에는 손님들이 서로 마주보고 차를 마시고 있고, 나는 혼자
서 샌드위치를 시키고 맞은편에 가방을 놔뒀다. 그 가방은 고등학교 시절에
사용하였던 것이다.
　나에게 인생에서 가장 행복하였던 시기는 고등학교 시절이었다. 당시 학
업생활에 힘들기도 하였지만 나의 꿈을 찾아 열심히 하였었고 나름대로 안
정된 시기이기도 하였다. 그 시절 나는 무언가 열의에 차 있었고 미래에 대한
기대심이 있었다. 내가 시간을 되돌릴 수 있다면 그때로 돌아가고 싶다는
생각이 살짝 들기도 한다.
　연구자 선생님은 이런 말씀을 해 주셨다. "지금 선생님의 마음이 가장 편
안한 상태를 원하는가 보군요. 아마도 가장 편안한 카페를 만들었고, 상
징적으로 고등학교 때 책가방을 올려놓았어요. 여고시절 아련한 추억의 시
절로 돌아가고 싶은 거겠죠. 여고시절 추억이라는 건 아직은 세파에 시달리
지 않으면서 사춘기의 낭만과 꿈이 있었던 그 시기를 꺼내 볼 수 있는, 그래
서 아마 '여고시절 자주색 가방' 이런 유행가를 사람들이 좋아하는지도 모

르죠. 고등학교를 상징하고 싶어서 저 가방을 썼다고 하였습니다. 보기에도 참 편안하네요." 나는 모래놀이를 하며 다음 이야기를 꾸며 나갔다.

재희 옆 테이블에는 나이가 지긋이 드신 노부부가 앉아 계세요. 사이가 좋아 보이는 노부부는 웃으시며 즐겁게 대화를 나누고 계세요. 특별한 날인지 케이크에 초를 붙이고 호~ 불면서 축하한다고 할아버지가 할머니에게 인사해요. 재희는 그 모습을 마치 '저도 축하드려요' 하는 표정으로 바라보고 있어요. 한참을 앉아 있던 재희에게 딸랑거리는 소리를 내며 문을 열고 친구가 들어와요. "많이 기다렸니." 재희와 친구는 밖이 어둑해질 때까지 이야기를 나누어요. 이제 집에 가야 할 시간이에요. 둘의 발걸음은 밤늦게 집을 향해 가요.

—

나는 오늘 모래놀이를 하면서 혼자 카페에 앉아서 여유로운 시간을 가져 보고 싶은 바람이 있었던 것 같다. 또 친구들을 만나서 이런저런 대화를 나누고 싶었다. 오늘 모래놀이는 내가 나중에 나이가 들어서 이런 노부부와 같은 모습이었으면 좋겠다는 바람에서 꾸민 것일 것 같다. 이렇게 내가 원하는 모습을 모래놀이에 표현하니 기분이 편안하고 좋다. 연구자 선생님은 "짧은 시간에 자기의 내면에 가지고 있던 그런 것들을 해결하고 아주 편안한 자기를 발견하셨네요. 자신의 있는 모습 그대로를 받아들이고 편안해지고 그런 거 말이에요."라고 말씀해 주셨다.

이제 모래놀이 상담이 끝을 향해 가고 있다. 알 듯 모를 듯 나의 성향들을 조금씩 이해하고 그 부분을 변화시켜 보려고 하였었다. 이런 나의 모습에 나는 요즘 즐거워지고 안정적인 기분이 들어서 좋다.

들국화의 아홉 번째 이야기: 어느 봄날 오후

▬　　여러 가지 일이 있어서 지난번 모래놀이 이후 거의 한 달 후에 모래놀이를 하게 되었다. 오늘은 엄마의 돌봄을 받고 행복해하는 갓난아기를 상상하면서 모래놀이를 하였다. 나는 오늘 이야기 제목을 '어느 봄날 오후'라고 정하였다.

어느 봄날 오후. 집 앞 정원에 엄마, 아이 그리고 아기가 있다. 엄마는 원탁 의자에 앉아 갓난쟁이 아기를 보며 웃고 있다. 아이는 엄마가 계신 곳을 확인한 후, "엄마~ 여기서 놀아요."라고 말하며 정원을 조금씩 살피며 놀고 있다.

▬

엄마는 한 명의 갓난아기와 2살 된 아이와 함께 여유로운 시간을 보내고
있다. 엄마는 마냥 행복하고 이 시간을 즐기고 있다. 아이들은 아직 너무 어
리지만 엄마는 아이들 곁에서 아이를 보호하면서 즐겁게 놀아 주고 있다. 이
들이 사는 집에는 넓은 마당이 있고 정원이 있다. 엄마는 아이들과 함께하
는 시간이 행복해서 친구를 초대하지도 않았다. 이 아이들은 장난감이 없이
도 그냥 정원에서 자연물을 보며 즐겁게 놀고 있었다. 아이들은 엄마가 여기
이곳에 자기들과 같이 있다는 것을 한 번씩 확인하고 행복하고 자유롭게 놀
고 있었다. 아이들은 정원에 있는 꽃의 향기도 맡아 보고 개미도 보고 있다.
아이들은 마냥 재밌게 놀고 있었다. 엄마는 정원에서 자유롭게 놀고 있는 아
이와 평화롭게 자는 갓난아기를 보면서 행복해하였다. 엄마는 이 아이들이
즐겁게 놀고 예쁘게 커 가는 모습이 좋았다. 나는 두 번째 이야기를 이어 갔
다. 나의 이야기는 이러하였다.

엄마, 이리 와 보세요. 아이가 엄마를 불러요. 어, 무슨 일이야. 엄마 여기 꽃에 나
비가 앉았어요. 신기하죠? 나비를 처음 본 아이는 눈이 휘둥그레졌어요. 땡땡이
가 물을 잘 주어서 꽃이 무럭무럭 자랐나 보다. 나비 친구들이 놀러왔네. 엄마,

여기 흙 속에는 개미가 있어요. 개미도 보고, 나비도 보고 땡땡이는 오늘 직접 찾은 곤충을 보고 신이 나 있었어요. 그런 아이를 보며 엄마는 흐뭇하게 웃고 있답니다. 해질 무렵 엄마는 아이들을 데리고 집으로 들어가 저녁을 준비해요. 아빠가 올 시간이거든요.

—

엄마는 아이의 손을 잡고 정원을 거닐고 있다. 아이는 책 속에서 봤던 나비를 만나고서 너무 신기하였다. 엄마는 그런 아이를 보며 마냥 흐뭇하고 행복하였다. 엄마는 그런 아이에게 무언가 이야기해 주고 싶고 아이의 흥미를 북돋아 주고 싶어 하였다. 나는 오늘의 이야기를 보면서 미래에 이러한 엄마가 되고 싶다는 생각을 하였다. 그리고 나의 어린 시절을 돌이켜보며 나의 어린 시절이 여기 모래놀이 상자와 같았다면 좋겠다는 생각도 하였다. 나는 이런 유아가 부럽기도 하였다. 내가 유아기로 돌아간다면, 또 내가 엄마라면 이렇게 편안한 집안 분위기에서 여유롭게 차를 한 잔 마시면서 나비도 보고 꽃도 보며 같이 시간을 보내고 싶었다. 또한 나는 나의 미래에도 이처럼 살아가고 싶었다.

오늘 이런 모래놀이를 꾸미게 된 것은 요즘 유치원 교사로 생활하면서 아이에게 엄마의 영향이 크다는 것을 자주 확인하게 되었기 때문이었다. 아마도 내가 과거에 엄마의 돌봄을 받지 못한 기억이 자주 들어서 그럴 것이다. 과거에 내가 모래놀이의 아이처럼 행복하였다면 나의 현재 모습이 많이 달라지지 않았을까 하는 생각을 자주 한다. 내가 유치원에 다닐 때 엄마, 아빠가 많이 바빠서 어렸을 적에 대한 즐거운 추억이 없었다. 친구들하고는 많이 놀았지만 엄마, 아빠와 잘 지냈던 기억은 없었다. 그것이 무척 아쉬웠다.

들국화의 모래놀이를 마치다

처음 모래놀이를 하고자 하였던 이유는 너무나도 바쁜 유치원 생활 속에서 힘겨웠던 내가 모래놀이를 통해 무언가 얻고자 하였고 삶의 변화를 느끼고자 하는 마음이 있었기 때문이다. 처음 모래상자의 모래를 손으로 만져 봤을 때 정말 부드럽다는 느낌을 받았다. 그렇게 손으로 모래를 느끼면서 피겨를 가져와서 나만의 이야기를 모래 위에 하나씩 만들어 보았다. 처음에는 모래놀이에 대해 잘 모르고 시작하였던 것 같다. 그러나 차츰 나의 모난 성격에 대해서 알아차리게 되었다. 물론 모래놀이를 시작하기 전에는 막연하게 나의 그런 성격을 알고 있었으나 변화하고 싶다는 생각은 못하였었다. 이제는 그런 성격이 큰 노력 없이 모래놀이를 통해서 자연스럽게 변화될 수 있다는 것을 느꼈다. 모래놀이를 하면서 나의 이런 모난 성격이 조금씩 변화되는 것 같아서 기분이 좋았다. 모래놀이를 하고 난 후에는 많이 편안해졌고 고민도 없어졌다. 신기하게도 물이 흘러가는 대로 자연스럽고 자유롭게 잘 지내게 되었다.

무엇보다도 모래놀이를 하고서 나에게 마음의 여유가 생겨서 스스로가 놀랄 때가 있다. 모래놀이라고 말하면 제일 떠오르는 단어가 '편안함'이다. 예전에 나는 더 잘하고 싶다는 욕심과 항상 남들한테 좋은 모습만을 보여 주고 싶다는 마음이 컸기 때문에 그렇지 못한 나의 모습을 숨기려고 하였었는데, 그런 모습을 받아들이고 나면서 내가 편안한 마음을 찾은 것 같다. 예전에는 나의 표정이 울상이었는지 모르겠지만, 요즘 동료교사들은 "선생님, 올해는 참 편안해 보이시네요. 아이들한테 대하는 거 하나만 봐도 느끼겠어요."라고 말하기도 하였다.

확실히 내가 아이들을 대하는 모습에서도 많이 달라졌다. 예전에 나는 허용적인 교사였지만 아이들이 하고 싶다는 대로 다 허용해 주게 되면 아이들 버릇이 나빠질 거라는 걱정이 있었다. 그래서 아이들이 너무 버릇없이 굴고 나를 힘들게 하면 아이들에게 버럭 화를 낼 때가 있었다. 그러면 아이들은 선생님이 평소에는 잘해 주시다가 왜 오늘은 우리에게 버럭 화를 내시는지 의아한 눈길로 바라보기도 하였다. 그러나 글쓰기를 활용한 모래놀이 상담에 참여하고 나서는 버럭 화를 내기보다는 아이들과 대화를 통해서 많이 해결하고 있다. 아이들의 생각과 행동에 대해 좀 더 이해하려고 노력하면서 '이런 부분은 좀 고쳐 주었으면 좋겠다.'고 아이에게 대화를 많이 하려고 한다. 사실, 아이들에게 허용적인 교사는 맞지만 예전에는 아이들의 생각을 이해하려고 대화를 하려고 노력하지 않았다. 단지 상대방을 배려해야 한다는 생각에 내 마음이 수긍이 되지 않더라도 허용해 주었던 것 같다. 지금 생각해 보면 그러한 나의 배려는 진정한 배려가 아니었다. 나 자신이 다른 사람들의 눈에 착하고 배려하는 사람으로 보여야 한다는 생각에 상대방을 배려해 왔었다. 그러다 보니 섭섭한 마음에 상처가 남는 경우도 많았다. 그리고 예전에 나는 조급하게도 아이들이 정해진 식사 시간 40분을 넘기는 것을 참지 못하였다. 아이들에게 부지런히 먹으라며 다그쳤고 말을 듣지 않으면 짜증을 내기도 하였다. 이제는 늦게까지 먹는 아이에게도 "너희들은 정말 밥을 잘 먹는구나. 정말 부지런히 잘 먹네~ 맛있게 먹어~"라며 너그럽게 대할 수 있게 되었다.

유치원에서 학보모와 상담을 할 때에도 학부모에게 아이에 대해 있는 그대로의 상황을 이야기하기보다는 난처한 부분은 뭔가 숨기려 하며 이야기를 하는 편이었지만 숨긴다고 해결되는 문제가 아니라는 것을 알게 되었다. 우리 반에 공격적인 아이가 있었는데, 나는 그 아이의 부모에게 자녀의 성향에 대해서 숨기려고 하였었다. 모래놀이를 하고 나서는 그 학부모에게 숨기지 않고 아이의 성향에 대해서 있는 그대로의 모습을 자세히 이야기해 드리게 되었고, 그러자 학부모님도 나의 이야기가 맞다 하시면서 함께 그 아이를 도와줄 부분이 무엇인지 고민하게 되고 그러니까 한결 마음이 편해졌었다. 모래놀이를 하고 나서 동료교사와의 관계에서도 변화가 있었다. 나는 내가 근무하는 유치원 선생님들과 그동안 공적으로만 만났었다. 그래서 서로 공적인 관계일 뿐 친한 사이가 아니었기 때문에 나의 개인적인 이야기를 그들과 함께 서로 나누려고 하지 않았다. 그들과는 단순히 유치원에 있었던 일들만을 이야기하였다. 그런데 예전과 달리 내 입에서 대화가 절로 나왔고 동료교사는 이런 내가 재미있다 하셨다. 이렇게 내가 동료교사들에게 나의 이야기를 하면서 솔직하게 벽 없이 다가가게 되었다. 그런 나의 모습에 동료교사는 "이런 모습이 있었느냐?"고 하셨다. 그런 이야기를 동료교사에게 들으면서 내가 모래놀이를 하면서 나도 모르게 많이 변하였다는 생각이 들기도 하였다.

　1년이 지난 나의 모습을 보면 작년의 나와 너무나 다른 모습으로 변해서 신기할 정도이다. "선생님, 올해는 참 편안해 보이시네요."라는 동료교사의 말에 '내가 변화되기는 하였구나.' 하는 생각이 들었다. 가만히 뒤를 돌아보면, 그때는 어떻게 해서든지 나는 내 마음을 편하게 하고 유아들이 나를 빨리 신뢰해 주고 나의 말을 잘 따라 주기만 바랐었다. 하지만 그전에 내가 변화되어야 할 것은 내가 먼저 아이들에게 다가가야 되는 것이라는 것을 알게 되었다. 내가 이 아이들의 부모가 되어서 슬프거나, 기쁘거나, 놀랐거나, 화났을 때 유아들의 마음을 먼저 읽어 주는 것이 중요하다는 것을 너무나도 잘 알고 있지만 잊을 때가 많았다. 지난 시절 나의 미숙한 행동을 생각하면 부끄럽고 후회도 많이 되지만 과거가 아닌 현재 나의 삶에 만족하고 살아가야 되고, 나에게 맡겨진 유아들에게 최선을 다하며 노력하는 내가 되어야겠다. '과거에 잡혀 있지 말고 현재에 최선을 다하자.'라는 나의 좌우명을 모래놀이를 통해 얻게 되어 마음이 든든해졌다.

제5장

여 행 을   돌 아 보 며

여행의 끝은 언제나 아쉽다.

미처 둘러보지 못한 곳이 있을까.

놓친 이야기가 있을까.

그러나 오늘의 아쉬움은 내일의 기대가 될 것이다.

풍족한 여행의 수확을 안고

웃으며 뒤를 돌아다본다.

유아교사들의 개성화 과정을 바라보고 나서

　　나의 연구는 '자성적 글쓰기가 활용된 모래놀이 상담'을 통해 유아교사는 어떠한 개성화 과정을 경험하며 일상과 교육적인 삶에서 어떤 변화를 보이는지를 알아보고자 실시되었다. 자성적 글쓰기가 활용된 모래놀이 상담은 1장에서 이야기하였듯이, 전통적인 모래놀이 상담(Lowenfeld, 1939; Dora Kalff, 2003)에 다양한 창의적 방법을 개발할 필요가 있다는 Turner(2005)의 견해와 자기성찰적 글쓰기를 비구조화된 매체와 병행하였을 때 치유 효과가 더욱 높아진다는 Pennebaker(2004)의 연구를 참고로 하여 본 연구자가 새롭게 구상한 상담방법이다.

　　이러한 '자성적 글쓰기 모래놀이 상담'을 유아교사의 개성화-자기실현 연구에 활용하게 된 것은 '자성적 글쓰기 모래놀이 상담'이 심리적, 정신적 성장을 촉진시키는데 있어 효과적이라는 사전연구 결과를 토대로 실시하게 되었다. (조희순, 2013)

　　유아교사들은 어린아이들의 인성에 미치는 영향이 매우 큰 존재일 수밖에 없다. 따라서 유아교사 자신이 먼저 온전한 인격을 갖추는 것이 중요하다고 보고 이를 위한 한 가지 방법으로서 유아교사의 개성화 과정의 경험을 촉진하고자 한 것이다. Jung에 의하면 유아교사의 자기 성장에는 개성화 과정이 효과적이라고 하였다(설영환 역, 2007: 142). 본 연구에서는 유아교사들이 이러한 개성화 과정을 경험함으로써 자기실현을 하게 되고 이에 따른 인격적 성숙은 아이들의 인성교육에 기여할 것이라고 바라보았다. 모래놀이 상담에 참여한 유아교사들의 내적인 변화는 참여관찰, 심층면담, 문서분석,

생애사 면담 등의 다양한 질적연구방법을 활용하여 알아보고자 하였다. 연구참여자는 각각 진행 속도에서 다소 차이가 있었으나 개성화 과정을 경험하는 것으로 나타났다. 연구참여자가 가지고 있는 주요 문제는 각기 달랐으며, 모래놀이 과정에서 나타난 특성 또한 각기 독특한 양상을 보이는 것을 발견할 수 있었다. 이를 바탕으로 구체적으로 세 명의 이야기를 다시 해 보고자 한다.

먼저 자운영 교사의 개성화 과정을 살펴보면, 자운영 교사는 자성적 글쓰기가 활용된 모래놀이 상담을 통해 내면속에 또 다른 자기(self)와 만나

표 9 세 유아교사의 모래놀이 전 과정에 나타난 주요 테마

모래놀이 단계	자운영 교사	수선화 교사	들국화 교사
혼돈과 미분화의 단계	• 혼자 남은 아이 • 당황스러움 • 애처로움	• 갑자기 생긴 모래 산 • 사각형 마을 • 경계선에 서있는 팬더	• 양육의 주제 • 동물농장 먹이주기 • 약혼식 파티
갈등과 투쟁의 단계	• 정글의 존과 스미스 • 말괄량이 삐삐 • 김순수의 장례식 • 악당 선발 대회	• 말들의 경주 • 팬더가 심판자로 등장 • 홍마의 출현 • 방주 테마	• 세 친구 이야기 • 어느 여름날 계곡 • 나를 발견하기
알아차림의 단계	• 비버 구하기 • 물고기 친구들의 존재 인식하기	• 팬더의 죽음 • 천국에 다다른 팬더 선장 • 보살핌 속의 휴식	• 시골풍경 • 어린 시절의 정서 상태 • 첫눈, 학교 가는 길 • 새로운 탄생
화해와 적용의 단계	• 왕자와 공주의 피크닉 • 여유로운 마음 • 과수원 • 풍족한 수확과 나눔 • 어머니와 분리독립	• 꽃다발 • 어머니와의 관계 재정립 • 해변가의 결혼식 • 어머니와의 갈등 해소 • 타인과의 관계 회복	• 카페에 앉아 • 일상의 여유 • 어느 봄날의 여유 • 아이와 엄마의 평화로운 화해

는 경험을 하게 된다. 평소 명랑하고 쾌활한 모습의 가면(페르소나) 뒤에 어린 시절 부모님의 불화로 인하여 늘 외롭고 애처로운 존재로 고착된 채 무의식 속에 살고 있는 또 다른 자기와 대면하고 의식화하여 알아차림으로써 개성화 과정을 경험하게 된 것이다. 자운영 교사는 내면에 있는 자기와 직면하면서 그것의 실체를 서서히 의식하게 된다. 어린 시절 부모님의 불화와 결별로 엄마에게 절대적으로 의존하며 지내야 하였던 자운영 교사는 말괄량이 삐삐가 되고 엄마와 어린 자신의 장례식을 연출하는 등 엄마로부터의 심리적인 독립을 위한 투쟁을 지속적으로 시도하게 된다. 조심스럽게 자신의 내면을 의식화해 가는 가운데 조금씩 갈등의 실체를 알아차리게 되고 아기 비버의 모습으로 상징된 자신의 그림자를 인정하고 받아들임으로써 자유로워짐을 경험한다. 이후부터 자운영 교사는 주변 사람들과의 관계에서 편안하고 배려적인 모습으로 바뀐 자신을 발견하게 되었으며 유아들과의 교육현장에서도 여유와 배려로 유아들을 대하는 성숙한 성인이 된 자신을 인식할 수 있게 되었다.

더 세부적으로 들여다보면, 자운영 교사는 초기 3회기에 걸친 집단 모래놀이 상담 기간 동안에는 아직 자신의 무의식이 어떠한 상태인지 자각하지 못하는 미분화 단계로 나타났다. 미분화 단계라고 해서 모래놀이에 어떠한 무의식도 투영하지 않는다는 의미는 아니다. 다만, 자신의 모래놀이가 무엇을 나타내고 있는지 이해하지 못한다는 뜻이다. 다시 말하면 무의식이 뒤죽박죽 생겨 혼란스러운 단계라고 볼 수 있다. 또한 의식의 방어로 인하여 현재 자신이 가장 소원하는 바를 나타내기도 한다. 그리고 두 번째 갈등과 투쟁의 단계는, 제4회기에서 제8회기까지 총 5회기에 걸쳐 경험하고 있었다. 다른 연구참여자에 비하여 갈등과 투쟁의 과정을 좀 더 지속하였다. 이것은 자운영 교사가 다른 참여자들에 비하여 초기 관계에서 극복하지 못하고 지금까지 안고 살아온 심리적 상처가 더 많이 남아 있었기 때문에 그것을 극복하기 위한 투쟁의 과정이 더 필요하였던 것으로 이해된다. 정글에 나타난 근육질의 남자 존과 스미스를 통해 과장되게 부풀려 포장되어 살고 있는 현실

적 자기와 대면한다. 이후 엄마가 하지 말라고 금기시한 일을 과감하게 시
도해 보는 말괄량이 삐삐를 통해 엄마로부터 독립을 시도해 본다. 이후 장례
식이라는 정경을 통해 과감하게 엄마의 그늘로부터의 탈출을 시도하나 실패
하게 되고 이에 대한 반감으로 악당선발대회라는 장면을 통해 과감하게 자
신 속에 있는 아니무스와 직면한다. 그러한 갈등을 통해 알게 된 자기(self)
의 실체가 아기 비버로 표현되었고, 상처받은 유아기적 자기가 그것을 극복
하고 힘을 기르기 위해 대극을 통한 격렬한 투쟁을 벌인 후 의식화됨으로써
비로소 자기의 실체를 받아들이게 되었으며 그 문제들과의 화해를 시도하고
편안해진 후에야 비로소 현실에 적응하고 있었다. 즉, 깨달아 알게 된 자기
(self)의 실체를 현실적 삶에 적용하는 것이다.

한편, 수선화 교사는 자신의 삶이 아닌 부모님의 기대에 따라 살아오다
자아정체성의 혼미를 겪었고 자기의 목소리를 잃어 갔다. 수선화 교사는
자신이 원하는 삶이 부모님의 반대로 인하여 수없이 좌절되는 경험을 하면
서 일상적으로 자신을 억압하며 타율에 의해 살아왔다. 수선화 교사는 뛰어
난 운동선수가 되고 싶었고, 어린이를 위한 동화책 저술가의 꿈을 가지고 있
었으나 좌절되었고 어머니의 권유로 원치 않는 유아교육과에 지원하게 되었
으며 심지어 결혼하고픈 사람과도 어머니의 반대로 헤어져야 하였다. 자성
적 글쓰기가 활용된 모래놀이 상담을 통해 수선화 교사는 '팬더'를 중심으
로 전개되는 이야기를 모래상자에 펼쳐 내면서 자신의 실체를 조망하고 의
식화하게 된다. 갈등과 투쟁을 경험하며 심리적인 힘을 얻게 된 수선화 교사
는 자신을 끊임없이 억압하고 구속하던 존재가 어머니였음을 알아차리게 되
고 과감하게 그 동안 어머니로부터 받았던 고통과 대면하는 용기를 얻게 된
다. 이처럼 자성적 글쓰기가 활용된 모래놀이 상담 과정에서 자신의 모습을
표출하고 직면하며 자기를 의식화하게 되면서 자기가 진정으로 원하는 모
습을 찾아 삶을 살 수 있게 되었다. 그 결과 수선화 교사는 스스로도 놀라
워할 만큼 주변 사람들에게 자신의 감정을 솔직하게 표현할 수 있게 되었다.
어머니로 인해 헤어져 있어야만 하였던 남자친구에 대한 죄책감을 정리할 수

있었으며, 동료교사와의 관계에서도 편안함을 찾게 되었다. 무엇보다도 자기 자신과 직면하는 용기를 갖게 되어 주도적 삶을 살게 되었다.

즉, 수선화 교사는 기본적으로 삶의 기준은 갖추고 있으나 자신의 인생관과 세계관이 타의(부모)에 의해 억압되므로 너무 좁고 편협하게 귀착되어 버린 경우이다. 그래서 수선화 교사는 모래놀이를 통해 자신의 존재 이유를 찾아내는 과정을 경험하고 있었다. 자신에게 문제가 있음을 느끼기는 하였으나 그것의 실체를 알 수 없어서 무언가에 억눌린 것처럼 불안을 경험하고 있는 상태였으며 무언가 자신의 삶에 변환이 필요하고 의식의 확장이 요구되고 있음을 감지하고 있던 상태에서 이 연구에 참가하게 되었다. 사실 수선화 교사의 경우처럼 자신의 세계관을 전환시켜야 할 경우에는 무엇보다 건강한 자아존중감과 자기효능감이 전제되어야 한다. 그러나 수선화 교사의 경우는 그렇지 못하였다. 따라서 그러한 과정이 처음 모래놀이에서 혼란스러운 상황으로 잘 드러났다. 그리고 3회기 모래놀이에서 나타난 '흰말'의 출현으로 힘을 얻어 영웅, 구원자가 되는 비상을 시도한다. 그것은 9회기 개인면담에서도 확인할 수 있었으며 실제 현실의 삶에서도 유사한 행동을 하고 있었던 것이다. 즉, 무언가 중요한 인물이 되고 싶은 욕구와 더불어 주변 사람들에게 크게 인정받고 싶은 욕구, 뛰어난 업적을 이루고 싶은 마음은 앞서지만 현실적으로 지나치게 위축되어 있는 심리상태로는 자신의 능력이 못 미친다는 사실에 좌절하고 있었다.

한편, 수선화 교사는 다른 사람들과는 다르게 갈등의 단계에서 일반적인 투쟁의 모습을 그리고 있는 것이 아니라 세상을 구원하는 영웅의 여정으로 대신하고 있다. 자신의 분신인 팬더는 결국 일곱 번째 면담에서 죽어 버린다. 그것은 지금까지의 혼란스러운 페르소나를 벗어버리고 새로 태어나기 위한 죽음이라고 볼 수 있다. 죽어서 천국에 간 팬더는 정말 편안한 휴식을 취한다. 아무도 그 휴식을 방해하지 않으며 심지어는 둥글게 둘러서서 자신을 위해 지켜 주는 예수님과 여러 동물들, 천사들의 사랑을 느낀다. 특히 자신이 정처 없는 항해를 할 때 지킴이 역할을 해 주던 파랑 물고기조차도 자신의 옆에 있다는 것을 알게 되면서 결코 혼자가 아니라는 것을 깨닫고 감사한다. 이를 통해 갈등을 해소하며, 화해와 적용의 단계에서는 현실적인 문제인 어머니와의 애증의 관계를 인식하고 받아들인다. 즉 내적으로 어머니와의 화해를 실천한다. 뿐만 아니라 현실에서도 처음으로 시골에 계신 어머니에게 전화를 하여 안부를 묻는 일이 잦아졌다고 한다. 그 이후 수선화 교사는 매우 자유로우며 편안한 일상으로 돌아갔다.

들국화 교사는 자성적 글쓰기가 활용된 모래놀이 상담에서 어린 시절 맞벌이 부모님 아래에서 보살핌을 제대로 받지 못한 자신을 발견하게 된다. 또한 들국화 교사는 유아교육 현장에서 생활할 때 유아와의 관계, 동료교사와의 관계에서 자신의 생각이나 감정을 감추었고 소심할 정도로 작은 일에도 서운한 마음이 잘 들었다. 초기 모래놀이에서는 유아기 때 충분히 양육받지 못했던 자아를 보살펴주는 장면을 만들어 심리적 보상을 한다. 4회기에 들어가면서 들국화 교사는 '슈렉'이라는 캐릭터를 등장시켜 자신의 실체인 self와 만나는 경험을 한다. 즉, 들국화 교사는 자신을 '슈렉'처럼 못생기고 무능력한 존재라고 생각해 왔으나, '슈렉'이 어느 날 우연히 알게 된 오래된 집(집단 무의식)에 들어가 잠자고 있던 공주(self)를 만나게 되면서 그동안 소외되었던 내면의 또 다른 자기인 아니무스와 통합하게 되고 개성화 과정을 경험하게 된다. 이러한 경험을 한 후 들국화 교사는 모래놀이를 통해 그동안 소외되었던 자기 자신을 다시금 양육하며 성장시킨다. 첫눈이 내린 날, 들국화 교사는 하얗게 쌓인 눈 위에 자신의 첫 발자국을 남기며 새로운 시작을 한다. 그 결과 들국화 교사도 자운영 교사, 수선화 교사처럼 주변 사람들과의 관계를 회복하게 되었다. 동료교사들과 업무적으로만 관계를 맺어 왔던 들국화 교사는 모래놀이 상담을 하고 나서는 진솔하고 친사회적인 관계를 맺게 되었고 교육현장에서도 유아들을 배려하고 수용하면서 그들을 너그럽게 대하는 자신을 발견하게 되었다.

즉, 들국화 교사의 경우, 자아가 생겨나기 이전 미성숙한 상태인 채로 교사로 생활함에 있어 혼란과 갈등을 경험하고 있을 때 연구에 참여하게 되었다. 어릴 적 직장을 다녔던 어머니로부터 충분한 양육을 못 받은 것에서부터 자신의 이야기를 시작하였다. 따라서 충분히 보호받고 싶었던 무의식을 보상받기 위한 양육의 테마를 가지고 미분화 단계를 시작하였다. 들국화 교사는 사회적 관계에 있어서 일방적이고 수동적인 관계 형성으로 혼란스럽고 상처받기 쉬운 상태였으며 예민한 성격으로 인해 힘들어하고 있었다. 누구에겐가 위로받고 싶고 배려받고 싶은 욕구에서 양육의 테마가 나타난 것이다. 그리고 갈등의 단계에서 슈렉, 손오공, 아톰 등 각기 다른 독특함을 지닌 캐릭터를 등장시켜 갈등을 표현한다. 자신과 동일시된 슈렉은 가장 못생기고 특별한 재능이 없었는데도 성실함과 용기를 가지고 끝까지 경주에 임하여 마지막 과거의 나라(집단 무의식)에 도달한다. 그리고 그곳에서 갇혀 있는 아름다운 공주를 만난다. 이것은 성인식, 즉 통과 의례에 대한 대표적인 주제로서 자아가 더 성장할 통로를 찾지 못하고 억압되어 있다가 모래놀이를 통해 비로소 인식되고 움직이기 시작한 것을 표현한 것이다. 이것은 분석심리학에서 말하는 아니마, 아니무스의 통합을 통하여 온전해지는 인격적 성장을 의미한다. 자아가 성장해야 하는 것은 알고 있었지만 그 실체와 직면하는 것을 두려워하여 회피하고 있던 상태에서 결국 계곡에서 수영을 하다 악어의 눈초리와 마주치는 것으로 직면하게 됨으로써 용기를 얻는다. 막혔던 의식이 통로를 찾게 됨으로써 어릴 적 정서로 돌아가 재탄생을 시도해 본다. 첫눈 내리는 날, 새로운 세계로의 첫발을 내딛으며 세상의 경이로움에 환호한다. 비로소 유아기적 어머니와의 관계에서 자신에게 소홀하였던 부분을 용서하며 자신은 앞으로 자녀들에게 따뜻한 보호와 사랑을 줄 것임을 동시에 나타내는 모래놀이를 통해 평화로운 마음의 상태를 현실적 삶에 적용하는 것을 볼 수 있었다.

 이처럼 연구참여자들은 자성적 글쓰기가 활용된 모래놀이 상담을 통해 개성화 과정을 경험함으로써 자신의 일상과 교사로서의 삶에서 긍정적인 변화를 보였다. 이들은 자성적 글쓰기가 활용된 모래놀이 상담 전 과정에 걸친 의식화 작업을 통해 자신만의 고유한 개성을 깨달아 알고 이해하게 되었으며, 이로 인해 타인과의 관계에서도 연구참여자들은 알아차림의 과정을 통하여 스스로 내면에 있는 자기의 실체를 인식하고 이해함으로써 이를 다른 사람을 이해하고 화해하는 데도 적용하는 것을 볼 수 있었다.

내 연구를 통해 알게 된 점

— 　개성화 과정은 한 개인이 성인으로 성장하기 위한 필수 과정으로서 '통과의례'라고 할 수 있다. 유아교사들은 이런 통과의례(개성화 과정)을 거치면서 비로소 성인이 되었다. 신체적인 나이는 먹었으나 아직 성인이 되지 못한 상태, 즉 자기 자신의 내면 문제가 해결되지 않은 인격적으로 미성숙한 상태로 유아들을 교육하고 있었다. 따라서 그들은 유아들을 적극적으로 수용하기보다는 기계적으로 교사의 역할을 수행하는 일에 더 치중하였으나 개성화 과정을 통해 성인의 입장이 된 교사는 유아를 바라보는 시각이 달라졌다. 마음에 여유가 생기고 그들을 엄마처럼 편안하게 수용할 수 있게 되었으며 자기 자신을 이해하는 만큼 유아들을 더욱 너그럽게 감싸 안을 수 있었다.

또한 나는 연구를 통해 자성적 글쓰기가 활용된 모래놀이 상담의 전 과정에 걸쳐 공통적으로 나타난 모래놀이 발달 단계를 발견할 수 있었다. 3명의 연구참여자는 각기 진행 속도에는 차이가 있었으나 혼돈과 미분화(undifferentitation)의 단계, 갈등(conflict)과 투쟁의 단계, 알아차림(awakening)의 단계, 화해와 적용(application)의 단계 순서로 모래놀이 과정이 발달하고 있었다. 혼돈과 미분화의 단계는 개성화 과정 경험의 첫 번째 단계로서 무의식과 의식이 분화되지 못하고 뒤섞여 있는 상태를 말한다. 혼돈과 미분화의 단계에 있는 연구참여자는 페르소나에 지배적으로 영향을 받으며 내면의 또 다른 자기(self)를 의식하지 못한 채 기대와 소원 또는 애증 등이 혼란스럽게 뒤섞인 현재의 심리 상태를 모래놀이 상자에 투영하고 내적 세계에 대한 핵심적인 주제를 암시적으로 보여 주었다. 두 번째 단계는 갈등과 투쟁의 단계로서 극명한 대극이 나타나거나 크고 작은 분쟁, 감정적 갈등, 경쟁 등이 나타나면서 내면에 숨어 있는 자신의 그림자에 대한 극복을 위해 힘을 길러 가는 과정이 나타났다. 세 번째 단계는 알아차림의 단계로서, 갈등과 투쟁의 단계에서 나타난 무의식의 존재를 알고 수용하게 되면서 무의식의 자기(self)와 의식의 자아(ego)가 균형을 이루어 자신의 고유한 개별성을 찾아가는 단계이다. 일반적인 상담에서는 이 단계에서 순간적으로 꿰뚫어보는 식견을 '통찰'이라는 용어로 나타내고 있으나(한영주, 2008), 나는 자신의 내면을 은밀하고 조심스럽게 알아 가는 간접적이며 점진적인 통찰이라는 의미에서 '알아차림'이라고 명명하였다. 네 번째는 화해와 적용의 단계로서, 현실적이고 목가적이며 평화로운 전원풍경이나 조화로운 현실 상황이 나타났다. 이 단계에서는 개성화 과정을 일상적인 생활에 적용하게 되면서 실제로 그동안 갈등의 대상이었던 사람들과 화해하고 온전한 자유인으로서의 삶을 살아가게 된다. 이에 따라 나의 연구에서는 Kalff가 적응(adaptation)이라고 명명한 것과 달리 적용(application)이라는 용어를 사용하였다. 적응이란 일정한 환경이나 목적 등에 맞추어 그것에 동화되는 것을 의미하나 적용이란 어떤 원리나 이치를 또 다른 곳에 응용한다는 의미로, 지금까지 의식화되지 못하고 무의식에 잠재되어 있던 자기를 의식화하여 알아차림으로써 그것을 현실적 삶에 적용하여 보다 편안한 삶의 상태로 전환한다는 측면에서 나는 적용이라는 용어를 차용하였다.

나의 연구를 통해 알게 된 점을 정리해 보면 다음과 같다.

첫째, 자성적 글쓰기가 활용된 모래놀이 상담에서는 기존의 모래놀이 기법만 사용할 때보다 개성화 과정의 경험을 촉진할 수 있는 보조적 도구로써 자성적 글쓰기를 활용하는 것이 효과적이었음을 알 수 있었다. 나의 연구에서는 기존의 모래놀이 기법에 자성적 글쓰기를 더해 활용함으로써 유아교사들이 내적으로 경험하는 개성화 과정을 질적연구방법으로 알아본 결과 연구참여자 3명 모두 비교적 짧은 시간에 개성화 과정에 의한 삶의 변화를 경험하는 것을 볼 수 있었다. 이러한 자성적 글쓰기는 연구참여자들이 자성적 글쓰기가 활용된 모래놀이 상담을 통해 자기가 미처 의식하지 못한 무의식의 이미지를 모래상자에 표현할 뿐만 아니라 글쓰기로서 한 번 더 명확히 드러내 준 결과라고 생각된다. 모래놀이를 통해 한번 직면하는 것보다 자성적 글쓰기를 통해 재차 확인할 때 좀 더 명료하게 자기의 내면을 바라볼 수 있게 되었다는 것이다. 또 다른 점으로, 자성적 글쓰기가 활용된 모래놀이 상담에서는 연구참여자의 자성적 글쓰기 자료가 객관적인 연구를 하는 데 큰 도움을 주었다. 자성적 글쓰기가 활용된 모래놀이 상담에서는 연구자의 역투사와 연구자 중심의 지나친 해석을 방지하고, 연구참여자의 내적인 경험을 있는 그대로 이해하고 반영해 줌으로써 연구참여자의 진솔한 이야기를 전달하는 데 좋은 역할을 해 줄 수 있었다. 이러한 두 가지 측면에서 기존의 모래놀이 기법에 자성적 글쓰기를 활용하는 것은 유아교사들이 자신의 내면을 되돌아보고, 개성화 과정을 촉진하는 데 기여한 것이라 생각된다.

연구참여자들은 매 회기마다 실시되는 자신의 모래상자에 만들어진 이야기의 내용을 마치 객관적인 타자, 혹은 창작을 하는 작가의 입장이 되어 은유적 표현으로 글쓰기를 하였으며 한 회기가 끝날 때마다 개인적 저널을 기록함으로써 자신의 현재 내적 상태를 조망하고 성찰하는 기회를 가졌다. 이는 저널쓰기가 글쓴이의 고통이나 상처를 치료하고, 자아를 찾으려는 목적이 있으며, 억압된 무의식을 체험하여 의식하게 한다는 박태진(2010)의 주장대로, 일반적인 모래놀이 상담만 실시하였던 것보다 자성적 글쓰기가 활용된 모래놀이 상담이 좀 더 자기성찰을 촉진한 것임을 알 수 있었다. 또한 연구 초반에는 자신이 어떤 생각을 가지고 있으며 모래상자에 만들어 놓은 자신의 이야기 내용이 무엇을 의미하는지 잘 몰랐지만, 은유적 표현의 글쓰기를 하면서 보다 빨리 그 내용에 대해 명료하게 인식하게 됨을 확인할 수 있었다. 이렇게 자성적 글쓰기가 활용된 모래놀이 상담은 일반적인 상담과 비교해 볼 때, 무엇보다도 상담에서 가장 어려운 내담자와의 대화를 쉽게 해 준다는 점에서 강점을 가진다. 고등 교육을 받고 상담이나 심리학을 공부한 전문 상담가라고 할지라도, 내담자와 대화하면서 그들의 숨겨진 심리적 요소들을 이해하는 것은 어려운 문제이다. 그러한 점에서 자성적 글쓰기가 활용된 모래놀이 상담은 특별한 언어적 기술이 필요 없기 때문에 언어적 장벽을 쉽게 무너뜨리고 상담자의 관점에서가 아니라 내담자 스스로 자연스럽게 자신의 무의식에 접근할 수 있도록 해 준다는 점에서 중요한 의의가 있다.

한영주(2009)는 '상담은 자신의 문제를 어떤 식으로든 개방함으로써 지속된다'고 하였다. 언어로 하는 상담에서는 표면적으로 말하는 이면에 '은밀한 속마음의 흐름'이 있음을 지적하면서 이와 같이 말하기 어려운 속마음을 드러낼 때 상담의 전환점이 이루어지며 치료가 된다고 보았다. 그러나 한국 사람들과 같이 유교적 전통이 깊이 내면화되어 있는 사회에서 성장해 온 사람들은 상담 초기에 자신의 문제나 감정을 언어화하는 데 상당히 오랜 시간이 걸리거나 끝끝내 속마음을 털어놓을 용기를 갖지 못하고 상담을 종결하는 경우가 종종 있다. 그렇지만 자성적 글쓰기가 활용된 모래놀이 상담은 효과적으로 이러한 문제를 극복하고 있다. 즉, 자성적 글쓰기가 활용된 모래놀이 상담은 연구참여자가 모래와 피겨를 활용하여 놀이를 하며 자신의 무의식을 표출하도록 하고, 마치 남의 이야기를 하듯 객관적인 타자가 되어 자기의 이야기를 글로 써 나갈 수 있게 함으로써 자연스럽게 연구 참여자의 속마음 또는 무의식을 모래놀이 상자와 피겨, 그리고 글쓰기에 담아낼 수 있는 효과적 장치가 된다.

또한 대부분의 일반적인 상담에서는 나름의 방식으로 내담자가 자신의 속마음을 상담자가 알아차려 주기 바라며 두려움과 불안을 감수하면서 자신의 내면을 개방할 수밖에 없으나 자성적 글쓰기가 활용된 모래놀이 상담에서는 모래놀이라는 방법을 통해 무엇을 표현하든 극심한 저항과 거부를 극복해야 하는 수고를 감내할 필요 없이 편안한 마음으로 모래놀이에 자신을 드러내고 상담자는 그것을 전폭적으로 수용하고 들어 주기만 하면 내담자 스스로 자신의 내면을 알게 되어 자기치유를 하는 것을 볼 수 있었다. 따라서 자성적 글쓰기가 활용된 모래놀이 상담은 일차적으로 피겨를 사용하여 모래놀이 상자를 꾸미는 비언어적인 방법과 더불어, 자성적 글쓰기를 통해 무의식 또는 속마음을 언어적으로 표현하는 과정을 통해 무의식의 의식화를 보다 더 촉진함으로써 상담 효과를 높일 수 있는 효과적인 방법이었다.

둘째, 유아교사는 자성적 글쓰기가 활용된 모래놀이 상담을 통해 개성화 과정을 경험함으로써 '교사다움'이라는 집단정신인 페르소나의 굴레에서 벗어나 진정한 자기, 즉 교사이기 이전에 개성을 가진 한 인간으로서의 자신을 인식하고 받아들일 수 있었다. 세 연구참여자는 모두 처음에는 유아들을 교육할 때 교사라는 직분에서 자신이 어떻게 처신해야 할지 갈등하고 있었다. 예를 들어, 자운영 교사는 유아들의 교육활동 중에 자신도 모르게 눈에 거슬리거나 아니면 유난히 감정이입을 하게 되는 유아들을 대하면서 당황해할 때가 있었으며, 수선화 교사는 교사이기 때문에 유아들에게 자신의 권위를 지켜야 한다는 신념을 가지고 교육에 임하는 것에 혼란을 겪고 있었다. 들국화 교사는 유아들을 교육할 때 얼마만큼 허용해야 하는지, 아니면 통제해야 하는지에 대한 조절이 잘 안 되어서 갈등을 겪고 있음을 호소하였으나 자성적 글쓰기가 활용된 모래놀이 상담에 참여하면서 차츰 교사도 인간이기 때문에 자기 자신의 감정에 솔직해져야 한다는 것을 받아들일 수 있었고 편안함을 찾게 되었다.

셋째, 유아교사를 대상으로 하는 자성적 글쓰기가 활용된 모래놀이 상담은 유아교사의 자기실현을 촉진해 줌으로써 유아의 인성교육에도 효과적으로 기여할 수 있다는 점이다. 즉, 연구참여자들은 자성적 글쓰기가 활용된 모래놀이 상담을 통해 자기이해에 이르게 됨으로써 인성교육의 핵심 요소인 수용과 배려, 공감 능력이 향상된 것으로 나타났다. 나딩스(Naddings)의 배려교육론에 따르면, 진정한 배려는 타자를 배려하기 전에 '자기배려'가 선행되어야 함을 강조하였고, 자기이해는 자기배려를 위해서 매우 중요한 요소라고 주장하였다(손지연, 2012: 31). 따라서 자성적 글쓰기가 활용된 모래놀이 상담을 통해 연구참여자들은 자기의 내면을 자각하게 되고 직면하는 경험을 통해 자기이해를 높이는 것으로 보인다. 이로써 연구참여자들은 자성적 글쓰기가 활용된 모래놀이에 참여하여 자신을 이해하고 배려함과 동시에 타인에 대한 배려와 관심, 수용과 공감능력이 확장되었다.

넷째, 본 연구에서 가장 주목할 만한 부분은 지금까지 전통적으로 실시되어 왔던 모래놀이 상담 발달 과정에 대한 Dora Kalff의 발달 단계를 우리나라 사람들의 경험에 기초를 두고 재구성하였다는 것이다. 자세히 설명하면 Kalff가 제시한 동식물의 단계, 투쟁의 단계, 적응의 단계는 서양 사람의 관점에서 관찰된 결과이나 본 연구에서 살펴본 결과 혼돈과 미분화의 단계, 갈등과 투쟁의 단계, 알아차림의 단계, 현실에의 화해와 적용의 단계 등으로 구분됨을 발견할 수 있었다. 이는 자신의 의견이나 관점을 확연히 드러내는 것이 미덕이 아니며 양보와 겸양이 미덕이라는 우리나라의 문화적 특성으로 인해 우리나라 사람들은 모래놀이 상황에서도 처음부터 즉시 무의식으로 들어가는 것이 아니라 방어나 투영과 같은 심리상태를 표출한 후에 비로소 무의식에 직면하는 것이라 유추해 볼 수 있었다.

또한 Kalff가 투쟁의 단계로 본 과정도 단순히 극렬한 투쟁만 일어나는 것이 아니고 다양한 형태의 대극상황을 통해 크고 작은 갈등을 경험하는 가운데 서서히 자신의 내적 실체를 알아 가게 되는 것을 볼 수 있었다.

Kalff가 삶으로의 적응으로 본 마지막 단계 역시 갈등의 대상들과의 대면을 통해 차츰 화해를 시도하면서 자신의 현실적 삶에 이를 적용하여 자신의 삶을 변화시키는 것을 볼 수 있었다.

Dora Kalff와 본 연구자의 모래놀이 발달 단계를 표로 비교해 보면 다음과 같다.

표 10 Dora Kalff와 조희순의 모래놀이 발달 단계 비교

Dora Kalff	조희순
제1단계: 동식물의 단계	제1단계: 혼돈과 미분화의 단계
제2단계: 투쟁의 단계	제2단계: 갈등과 투쟁의 단계
	제3단계: 알아차림의 단계
제3단계: 적응의 단계	제4단계: 화해와 적용의 단계

집으로 돌아가는 기차 안에서

—   나의 긴 연구가 끝났다. 내 연구는 자성적 글쓰기가 활용된 모래놀이 상담을 통해 유아교사들이 어떠한 경험을 하는지 알아보고 개성화 과정에 대한 발달적 맥락을 살펴보는 데 그 의의가 있었다. 나의 연구에서 그동안 어려운 점은 무엇이었는지, 그리고 다음 연구를 위해 내가 준비하고 싶은 것이 무엇인지 나의 생각을 잠깐 적어 보고자 한다.

첫째, 본 연구에서는 기존의 모래놀이 상담에 자기성찰적 글쓰기를 활용하면 유아교사의 개성화 과정에 어떠한 영향을 미치는지를 살펴보기 위해 3인의 연구참여자를 대상으로 연구함으로써 그들의 내적인 경험을 심층적으로 이해하려고 하였다. 그러나 3인의 연구 참여자는 도시의 특정 지역에 속한 유치원과 어린이집의 교사이다. 이에 따라 내가 구상한 모래놀이 상담이 다양한 삶의 배경과 지역적 환경을 배경으로 하는 유아교사들 또는 일반인들에게 동일한 효과를 줄 것으로 일반화시키기는 어려울 것이다. 따라서 내가 구상한 자성적 글쓰기가 활용된 모래놀이 상담은 광범위한 지역과 다양한 연령 및 삶의 배경을 가진 사람들에게까지 광범위하게 연구될 필요가 있으며, 앞으로 보다 넓은 범위의 사람들에게 적합하고 효과적이며 대중적인 모래놀이 상담을 구상할 필요가 있을 것이다. 아울러, 본 자성적 글쓰기가 활용된 모래놀이 상담을 유아교사뿐만 아니라 초·중등 교사에게도 적용해 봄으로써 그들이 개성화 과정, 즉 자기실현을 경험하게 한다면 교사의 인성 함양이라는 교육적 목표를 이루는 데 어떠한 효과가 있을지 알아보는 것도 교사교육에 있어 인성을 최우선으로 두고 있는 최근의 시대적 흐름에 기여할 수 있을 것으로 사려된다.

둘째, 본 연구에 소요된 총 상담회기는 각 개인당 평균 11회기로, Jung이 제시한 개성화 과정을 경험하기에는 다소 짧은 기간이라 할 수 있다. 그러나 질적연구방법으로 3인의 연구참여자들의 경험을 심층적으로 파악한 결과, 3인의 연구참여자가 모두 일련의 개성화 과정을 경험한 것으로 나타났고 그 양상에는 각기 차이가 있었다. 이는 개성화 과정이 일생을 걸쳐 이루어야 할 심리적 성장의 궁극적 목표이기도 하지만, 개인적 삶의 과정에서도 크고 작은 개성화 경험들을 반복적으로 거치며 성장되는 것임을 의미한다고 볼 수 있다. 예를 들어, 자운영 교사의 경우 비록 어릴 때 '소외'라는 경험이 있었어도 짧은 연구 기간을 거치는 동안 개성화 과정을 통해 자기 문제를 해결하고 자유로워졌다. 들국화 교사 또한 본 상담에 참여하면서 양육에 대한 보상 심리로 나타나는 문제를 해결하고 뚜렷하게 개성화 과정을 경험하였다. 그러나 수선화 교사의 경우 총 11회기에 걸친 연구 기간 동안 개성화를 경험하기는 하였어도 부모님과의 관계에 대한 상담이 추가적으로 필요한 것으로 보인다. 따라서 나는 연구가 종료된 이후에도 연구 참여자의 개성화 과정을 지속적으로 지원해 줌으로써 윤리적 책임을 다할 필요가 있을 것이라고 생각한다.

셋째, 기존의 모래놀이는 치료라는 측면에 초점을 두고 있기 때문에 일반 사람들이 접근하기에 다소 부담스러운 점이 있었다. 그러나 자성적 글쓰기가 활용된 모래놀이 상담은 일반인의 개성화 과정, 즉 자기실현을 목적으로 함으로써 누구나 모래놀이 상담을 통한 개성화 작업을 할 수 있다는 측면에서 그 대상의 범위가 넓다고 볼 수 있다.

이에 모래놀이 상담을 치료적인 측면에서 접근하는 것과 더불어 개성화 과정이라는 심리적, 정신적 성장이라는 측면에서 접근함으로써 모래놀이 상담의 활용성을 높일 수 있다고 제언하고자 한다. 즉, 모래놀이 상담은 일상적인 삶을 사는 평범한 사람들이 삶의 과정에서 대부분 갖고 있는 갈등이나, 상처 그리고 고민들을 해결할 뿐만 아니라 자기를 실현하고 타인과 관계를 회복하며, 삶의 의미를 찾는 등 삶의 질을 높이는 데 기여할 수 있는 것으로 나타났다. 아울러 앞에서 밝혔듯이 자성적 글쓰기를 활용하는 것 외에도 모래놀이 효과를 높일 수 있도록 기존의 모래놀이의 기법을 창의적인 방법으로 개발하고 활용하려는 시도가 널리 이루어질 필요가 있을 것이다. 이부영 (2006: 124)은 자기실현을 인간의 과제일 뿐만 아니라 전 인류의 과업이라고 하였다. 이처럼 전 연령의 사람들이 자기실현을 위한 개성화 과정을 모래놀이를 통해 경험할 수 있다면 현대 사회의 여러 병리적 현상을 예방하는 데 기여할 수 있을 것으로 본다. 다만 자성적 글쓰기가 활용되는 모래놀이 상담의 경우 글쓰기 활동에 어려움을 느끼는 유아나 노인들, 다문화가족과 같은 대상에게 적용하는 데는 제한이 있을 것이다. 따라서 이와 같은 사람들에게 적합한 또 다른 형태의 모래놀이 상담기법을 개발할 필요가 있을 것으로 본다.

비록 나의 이야기는 여기서 끝나지만, 앞으로도 심리적, 정신적으로 고민하는 많은 사람들이 이 책을 읽고, 진지하게 자신의 무의식에 대해 생각해 볼 수 있기를 기원한다.

참고문헌

고은경·정계숙·손완희·하은실(2011). 유아교사의 대상관계 및 교사 효능감과 교수 스트레스와의 관계. 幼兒 教育學論集, 15(2), 219-244.

구미향(2012). 모래상자치료 과정에 나타나는 관계의 구조와 상호작용 특성분석. 한국놀이치료 학회지. 13(1), 1-18.

김보애(1994). 환각제 흡입 청소년 재활을 위한 모래상자놀이치료활용 사례 연구. 이화여자대학교 대학원 석사학위논문.

＿＿＿(2003). 모래놀이의 이론과 실제. 서울: 학지사.

김영천(2006). 질적연구방법론. 서울: 아카데미프레스.

＿＿＿(2012). 질적연구방법론: Bricoleur. 파주: 아카데미프레스.

김영혜·이혜성(2002). 상담과정에서 내담자의 자각과 통찰에 영향을 주는 상담자의 언어 반응들. 상담학연구, 3(1), 235-254.

김영희(2007). 융의 분석심리학적 차원에서 본 직업인의 심리적 탈진에 관한 연구: 교사를 중심으로. Andragogy Today: International Journal of Adult & Continuing Education, 10(2), 101-123.

김영희·이수정·구현아(2005). 교사의 정서적 개인차와 심리적 탈진. 상담학연구, 6(2), 587-600.

김진안(2012). 모래놀이 치료를 활용한 독서치료프로그램이 아동의 불안과 자아개념에 미치는 영향. 명지대학교 대학원 석사학위논문.

김혜정(2002). 유치원의 조직풍토, 교사효능감과 직무스트레스의 관계. 이화여자대학교 교육대학원 석사학위논문.

노치현·황영희(1998). 모래놀이 치료-경험과 표현. 서울: 동서문화사.

박경희(2006). 외상경험글쓰기의 치료적 효과와 기제: 가정폭력피해 여성을 중심으로. 서울대학교 대학원 박사학위논문.

박성민(2011). 성인애착유형에 따른 모래놀이 치료에서의 표현양상과 이야기비교. 남서울대학교 대학원 석사학위논문.

박아청(2010). 에릭슨의 인간 이해. 경기: 교육과학사.

박태진(2010). 청소년기 자아의 치료와 정체성을 찾는 저널쓰기 연구: 저널 도구 '대화' 쓰기의 사례를 중심으로. 작문연구, 11, 9-44.

변정현(2012). 초등학교 초임교사의 사회과 수업 스트레스와 탈진(burn-out)에 관한 요인적 분석. 열린교육연구, 20(4), 211-238.

서기자(2009). 글쓰기 치료가 대학생의 불안 및 자존감에 미치는 영향. 인문학연구, 77, 168-188.

손지연(2012). 나딩스의 배려교육론에 기반한 초등학교 창의·인성교육에 대한 연구. 경인교육대학교 교육대학원 석사학위논문.

송영혜·이정자(2007). 모래상자를 이용한 자기분석 과정에서 상담자와 내담자의 언어적 상호작용 분석. 놀이치료연구, 2(3), 129-140.

신현정(2007). 치료놀이(Theraplay) 상호작용에 관한 질적연구. 숙명여자대학교 박사학위논문.

심윤희(2013). 다중지능이론에 기초한 유아 포트폴리오 평가에 대한 효과-질적사례연구. 한양대학교 박사학위논문.

엄은나·서동미(2009). '좋은 교사'에 대한 예비 유아교사들의 인식. 유아교육학논집, 13(2), 24-25.

염숙경·김광웅(2008). 모래놀이 치료 사례의 캠벨 영웅 신화론에 의한 분석. 한국놀이치료학회지, 11(2), 87-104.

유정이(2002). 교육환경의 위험요소와 사회적 지지가 초등학교 교사의 심리적 소진에 미치는 영향. 초등교육연구, 15(2), 315-328.

이부영(2002). 자기와 자기실현. 서울: 한길사.

_____(2006). 분석심리학. C. G Jung의 인간심성론. 서울: 일조각.

이유경(2008). 원형과 신화. 서울: 분석심리학 연구소.

이종연(2007). Jung의 분석심리학에 있어서 개성화(individuation)가 교육에 주는 시사점. 教育研究論叢(CBNU Journal of Educational Research), 28(3), 133-147.

이형민(2009). 보육교사의 교사효능감 및 교사신념이 직무스트레스에 미치는 영향. 한국영유아보육학회, 56, 187-208.

이혜성(2013). 국민행복시대 상담이 열어갑니다. 2013 한국상담학회 연차학술대회 자료집.

정방자(1986). 정신역동적 상담에서의 상담자와 내담자의 언어반응 변화연구. 서울대학교 박사학위논문.

조희순(1992). 유아의 모래놀이에 관한 일 연구. 한국교원대학교 석사학위논문.

_____(2009). 모래놀이 치료를 통한 아스퍼거 장애유아의 통합보육 사례연구. 유아교육학 논집, 5(6), 237-257.

_____(2011). 자아성장프로그램이 예비 유아교사의 자아존중감 발달에 미치는 효과. 유아교육학논집, 5(6), 237-257.

_____(2013). 글쓰기를 활용한 집단 모래놀이 상담이 예비 유아교사의 자아정체성과 자아존중감에 미치는 효과. 유아교육학논집, 17(6), 235-257.

최혜라(1997). 대학상담 장면에서의 모래놀이 치료의 적용. 학생생활연구, 5, 123-154.

한영주(2009). 내담자가 경험하는 상담의 치료적 전환점: 근거이론을 적용하여. 이화여자대학교 대학원 박사학위논문.

황영희·노치현(1998). 내담아동의 주 문제. 한국놀이치료학회지, 1(1), 37-46.

Axlin, V. M. (1964). In search Of Self. 주정일·이원영 역(2013). 딥스. 서울: 샘터사.

Alexander, E. MD. (2013). A means for person individuation or a globalised theraputic technique. Korean Association Sandplay

Therapy. The 13th Conference. 1-6.

Ammann, R. (1979·2001). Der Schöpferische Wey der Persön-lichkeitsentwicklung. 이유경 역(2009). 융심리학적 모래놀이 치료: 인격 발달의 창조적 방법. 서울: 분석심리학연구소.

Adams, K. (1990). Journal of self. 강은주·이봉희 역(2006). 저널치료. 서울: 학지사.

Boik, B. L & Goodwin, E. A. (2000). Sandplay therapy : A step-by step Manual for Psychotherapists of Diverse Orientations, New York, By W. Norton.

Burden, P. R. (1983). Implications of teacher career development: New roles for teachers, administrators, and professors. Action in Teacher Education, 4(4), 21-25.

Jung, C. G. (2004). Personlichkeit und Ubertragung. 한국융연구원 C. G. 융 저작 번역위원회 역(2004). 인격과 전이. 서울: 솔.

Jung, C. G. (2007). Interpreting Jung Psychology. 설영환 역(2007). 융심리학 해설. 서울: 선영사.

Kalff. D. (1980). Sandplay a Psychotherapeutic Approach to the Psyche. Boston: Siego Press.

Kate, L. G. (1972). Development stage of preschool teacher. The Elementary School Journal, 73(1), p. 50.

Lowenfeld, M. (1939). The world pictures of children. A method of recording and studing them. British Jounal of Medical Psychology, 18(1), 65-101.

Lowenfeld, M. (1993). Understanding children's sandplay : Lowenfeld world technique. Great Britain : Antony Rowe Ltd. (Originally publiched as the world technique, George Allen & Unwin Ltd., 1979).

Neumann, E. (1973). The child : Structure and dynamics of the nascent personality (R. Manheim, Trans). New York : Haper & Row.

Pennebaker, J. W. (1995). Emotion, disclosure, & health: An overview: In Pennebaker, J. W. (Eds), Emotion, disclosune, & health. American Psychological Association. Washington D. C.

Pennebaker, J. W. (1993). Putting stress into words: Health, lingustic, and therapeutic implications. Behaviour Research and Therapy, 31, 539-548.

Pennebaker, J. W. (2004). Writing to heal : a guided journal for recovering from trauma & emotional upheaval. New Harbinger Publications. 이봉희 역(2007). 글쓰기 치료. 서울: 학지사.

Pennebaker, J. W. & Beall, S. K. (1986). Confronting traumatic event; Toward an understanding of inhibition and diseases, Journal of Abnormal Psychology, 95, 274-281.

Pennebaker, J. W., Barger, S. D. & Tiebout, J. (1989). Disclosure of traumas and health among Holocaust survivors. Psychosomatic Medicine, 51, 577-589.

Turner, B. A. (2005). The Handbook of Sandplay Therapy. 김태련 외 역(2009). 모래놀이 치료핸드북. 서울: 학지사.

저자 약력

조희순

한국교원대학교 대학원에서 유아교육학석사, 한국상담대학원 대학교에서 상담학 박사학위를 취득하고 현재는 용인송담대학교 유아교육과 교수로 재직 중이다.

(전)서울 그림유치원장과 국공립 성아어린이집 원장을 역임하였고 1995년부터 지금까지 20여 년 동안 '유초 표현심리상담연구소'에서 개인 및 집단을 대상으로 모래놀이 상담을 실시해 오고 있다. 50세가 넘은 나이에 서울대학교대학원에서 교육학 박사과정을 시작하였으나, 상담에 대한 열망을 버리지 못하여 한국상담대학원 대학교 박사과정으로 옮겨서 본격적인 상담공부를 마쳤다. 유치원 원장, 어린이집 원장자격 및 모래놀이 상담사 1급, 놀이상담사 1급, 상담전문가 1급, 상담수련감독 자격을 보유하고 있다. 일본 모래놀이학회 정회원, 한국 모래놀이상담학회 정회원, 한국 영유아교원교육학회 이사 및 임원, 한국질적탐구학회 이사로도 활동하고 있다.

논문「자성적 글쓰기가 활용된 모래놀이 상담에서의 유아교사 개성화 과정에 관한 연구」로 상담학 박사학위를 받았으며 그 외 모래놀이 상담과 유아교육에 관련된 다수의 논문이 있다.

현재는 대부분의 사람들이 부정적인 정서를 억압하는 데서 심리적인 문제가 생긴다는 점에 주목하여 자성적 글쓰기를 통한 모래놀이 상담과 같은 다양한 표현방법으로 일반인들의 자기실현을 돕기 위한 상담연구에 힘쓰고 있다.

모래놀이 상담

유아교사들의 기억과 치유의 이야기

발행일 2016년 8월 23일 초판 발행 | **저자** 조희순 | **발행인** 홍진기 | **발행처** 아카데미프레스
주소 413-756 경기도 파주시 문발동 출판정보산업단지 507-9
전화 031-947-7389 | **팩스** 031-947-7698 | **이메일** info@academypress.co.kr
웹사이트 www.academypress.co.kr | **출판등록** 2003. 6. 18 제406-2011-000131호

ISBN 978-89-97544-90-5 93370

값 15,000원